Nikola Hollmann & Andrea Slavik

Märchenhaft wandern

Unterwegs zu sagenhaften Orten im Rheinland

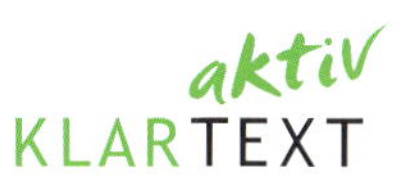

Bildnachweis

Adobe Stock: S. 3: O.M., S. 4/5: dudlajzov, S. 8/9: Stefan Körber, S. 10, 14: Eduard Shelesnjak, S. 16: Maja Schmitz, S. 34: Stimmungsbilder1, S. 37: alexgres, S. 39: Photography_AT, S. 48: travelpeter, S. 54/55: mitifoto, S. 62: Madrugada Verde, S. 102: Shamm, S. 129: dihetbo, S. 136: EKH-Pictures, S. 140: Adrian72, S. 143: Martin; Imago Images: S. 26: Werner Otto. Alle anderen Bilder stammen von den Autorinnen.

Bibliografische Information der Deutschen Nationalbibliothek
Die Deutsche Nationalbibliothek verzeichnet diese Publikation in der Deutschen Nationalbibliografie; detaillierte bibliografische Daten sind im Internet über portal.dnb.de abrufbar.

Impressum

1. Auflage September 2022
Satz und Gestaltung: Birgit Lonsdorfer
Druck und Bindung:
AALEXX Druck Produktion, Thönser Str. 5a, 30938 Burgwedel
Umschlaggestaltung: Guido Klütsch
Umschlagabbildung: Imago Images/Rupert Oberhäuser
Autorinnenfotos hintere Umschlagklappe: Andi Werner, Birgit Pichler
Karten: Leon Thomes/© OpenStreetMap-Mitwirkende

ISBN 978-3-8375-2480-2

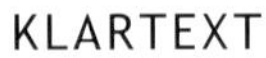

Jakob Funke Medien Beteiligungs GmbH & Co. KG
Jakob-Funke-Platz 1, 45127 Essen
info.klartext@funkemedien.de
www.klartext-verlag.de

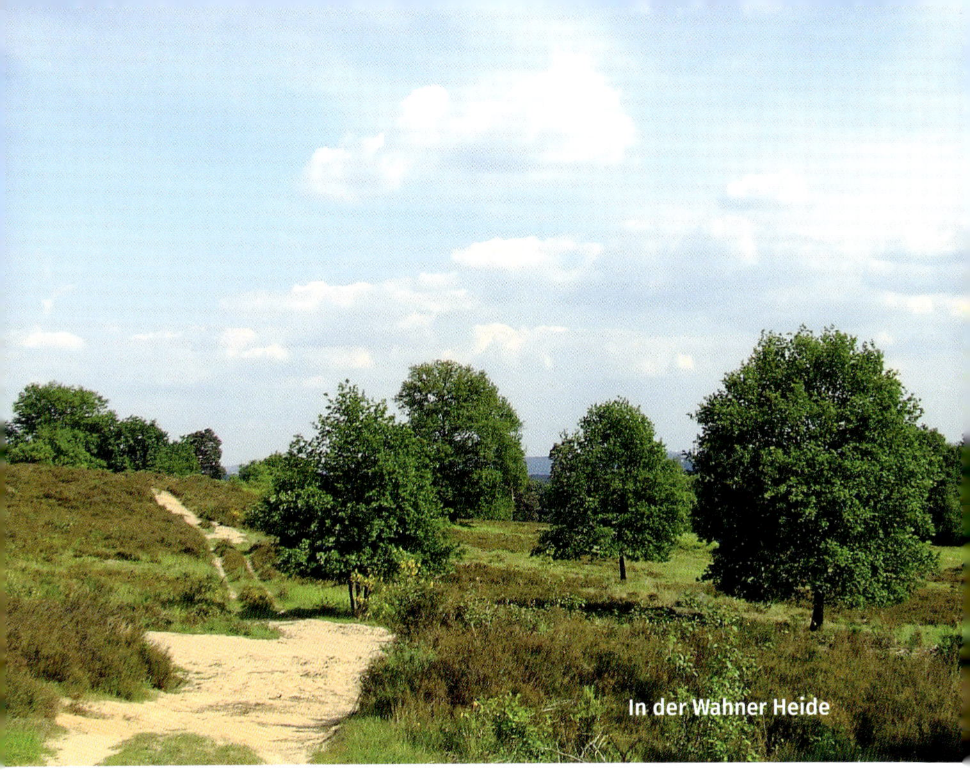

In der Wahner Heide

Legende

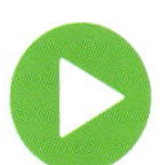
Startpunkt

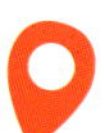
Zwischenziel

Zielpunkt

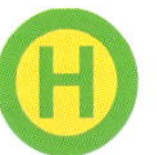
Haltestelle

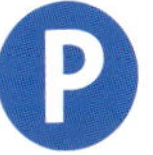
Parkplatz

Gastronomie

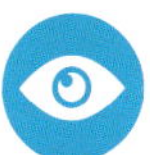
Aussichtspunkt

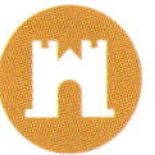
Sehenswürdigkeit

Kunstobjekt

Freizeitspaß

Familienfreundlich

Fähre

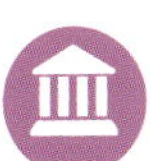
Kulturstätte

Höhenmeter im Auf- und Abstieg

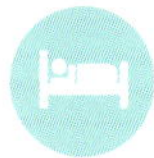
Übernachtung

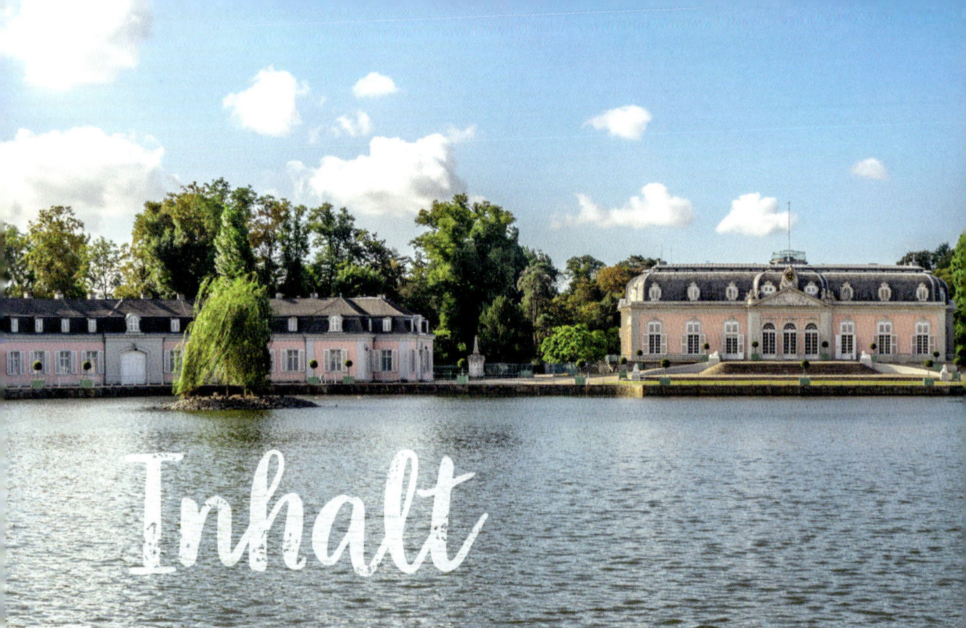

Inhalt

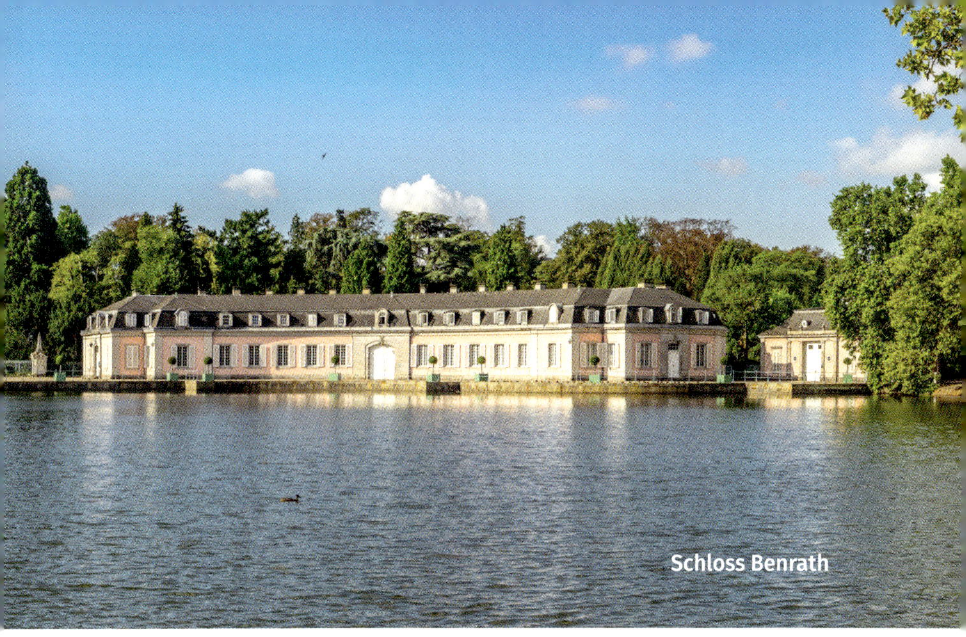

Schloss Benrath

Die Touren

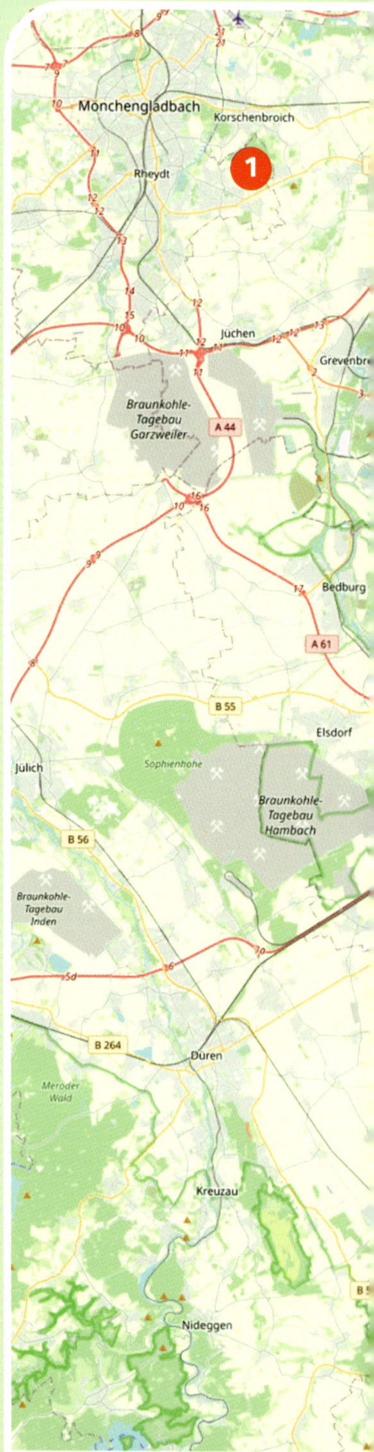

Mönchengladbach
Korschenbroich
1
Rheydt
Jüchen
Braunkohle-Tagebau Garzweiler
A 44
Bedburg
A 61
B 55
Elsdorf
Jülich
Sophienhöhe
Braunkohle-Tagebau Hambach
B 56
Braunkohle-Tagebau Inden
B 264
Düren
Meroder Wald
Kreuzau
Nideggen

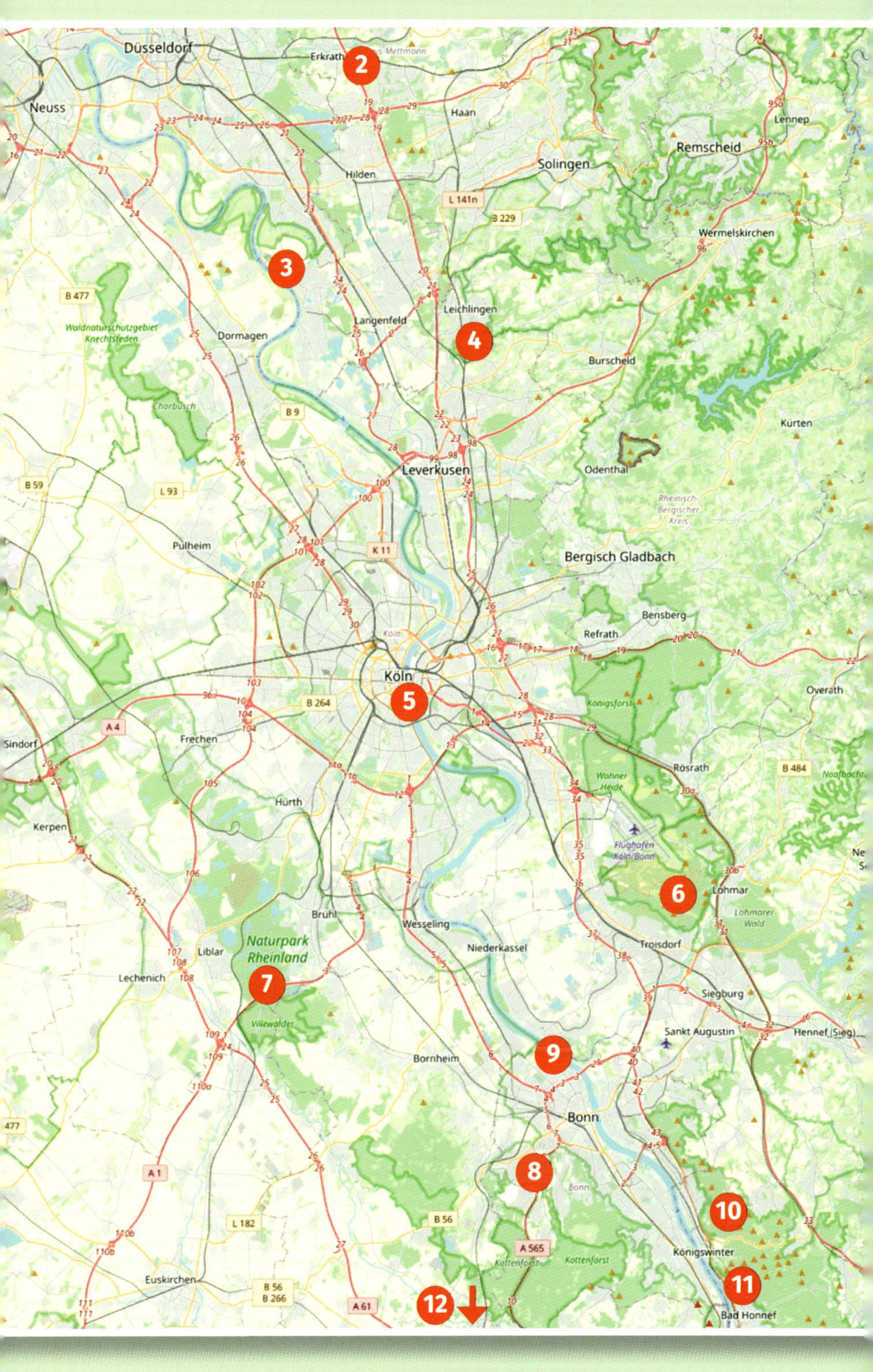
Düsseldorf
Erkrath
Mettmann
Neuss
Haan
Hilden
Solingen
Remscheid
Lennep
L 141n
B 229
Wermelskirchen
B 477
Waldnaturschutzgebiet Knechtsteden
Dormagen
Langenfeld
Leichlingen
Burscheid
Kürten
Chorbusch
B 9
Leverkusen
Odenthal
Rheinisch-Bergischer Kreis
B 59
L 93
Pulheim
K 11
Bergisch Gladbach
Bensberg
Refrath
Köln
Overath
Königsforst
B 264
A 4
Sindorf
Frechen
Rösrath
B 484
Wahner Heide
Hürth
Kerpen
Flughafen Köln/Bonn
Lohmar
Lohmarer Wald
Bruhl
Wesseling
Niederkassel
Troisdorf
Naturpark Rheinland
Liblar
Lechenich
Villewälder
Siegburg
Sankt Augustin
Hennef (Sieg)
Bornheim
Bonn
A 1
L 182
B 56
A 565
Kottenforst
Königswinter
Euskirchen
B 56
B 266
A 61
Bad Honnef
2
3
4
5
6
7
8
9
10
11
12

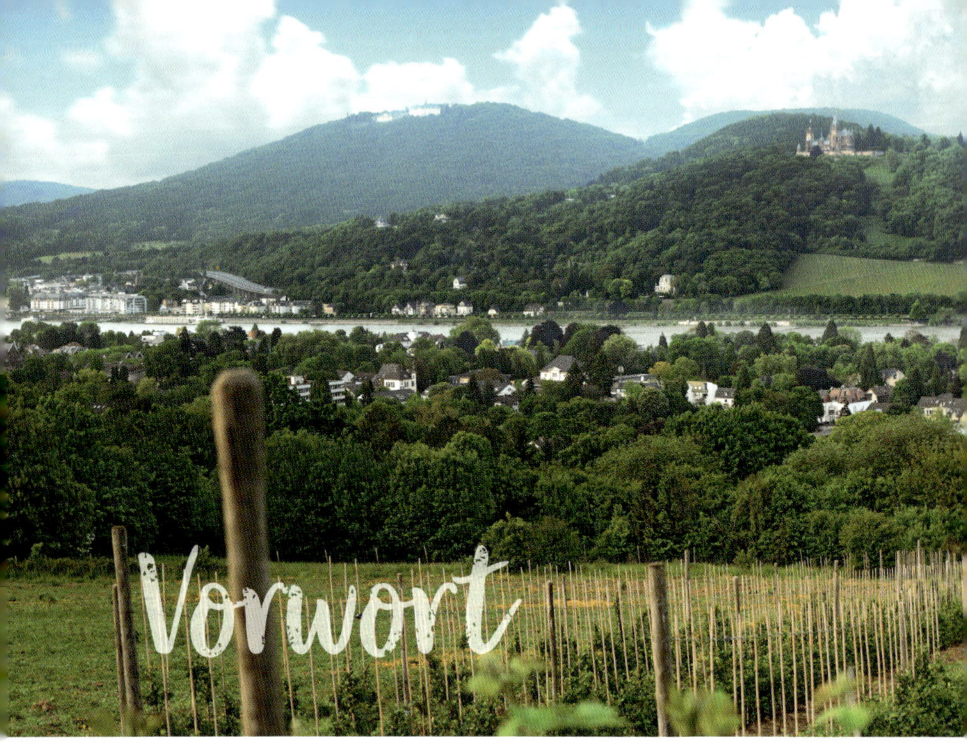

Märchenhaft wandern im Rheinland

Wir laden Sie ein, uns auf diesen Wanderungen zu märchenhaften Orten im Rheinland zu begleiten: die Natur erleben, Geschichten lesen, fantasievoll durch die alten Schauplätze schlendern, das Kindliche in uns wiedererwecken und vielleicht selbst das ein oder andere Abenteuer erleben.
Kaum ein anderer Fluss in Deutschland hat zu so vielen Geschichten und Erzählungen, zu Liedern und Sagen inspiriert wie der Rhein. Was sich die Dichter in der Epoche der Romantik da so einfallen ließen, war sehr fantasiebegabt und hatte mit der historischen Wahrheit oft nur ganz am Rande zu tun.
Man könnte ganze Bibliotheken füllen mit der Geschichte des Rheinlands. Es ließe sich viel schreiben über die Kurfürstlichen Erzbischöfe aus Köln, die Grafen von Berg oder die Herren von Jülich, über Äbte und Edelleute. Sie haben ihre Spuren hinterlassen und machen viele Orte der Region zu besonderen Ausflugszielen.

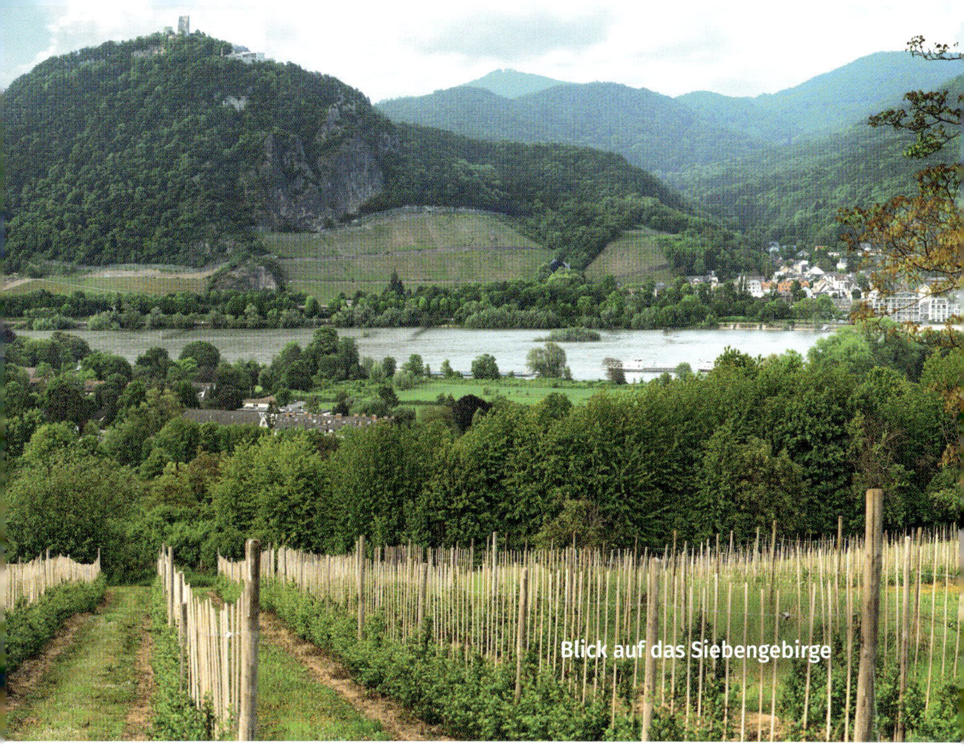
Blick auf das Siebengebirge

Aber natürlich ergänzt ihr Vermächtnis nur das, was uns auch ganz ohne Burgen, Schlösser und Klöster bereitet ist, nämlich die äußerst milde und attraktive Natur zwischen Bonn und Düsseldorf: das sagenumwobene Siebengebirge etwa oder die riesige Wahner Heide, die Rhein- und Siegauen oder das Neandertal.
Dieses Buch bietet Ihnen also beides: Wanderungen durch besonders schöne Regionen des Rheinlandes, kurze Erklärungen zu Sehenswürdigkeiten am Weg und vor allem märchenhafte Geschichten: Die meisten haben ihren Ursprung in historisch belegten Ereignissen, Legenden oder Sagen – manche jedoch sind einfach unserer Fantasie entsprungen.
Lassen Sie sich entführen in eine andere Zeit – auf märchenhaften Wegen durch das Rheinland.
Es war einmal ...

Andrea Slavik und Nikola Hollmann

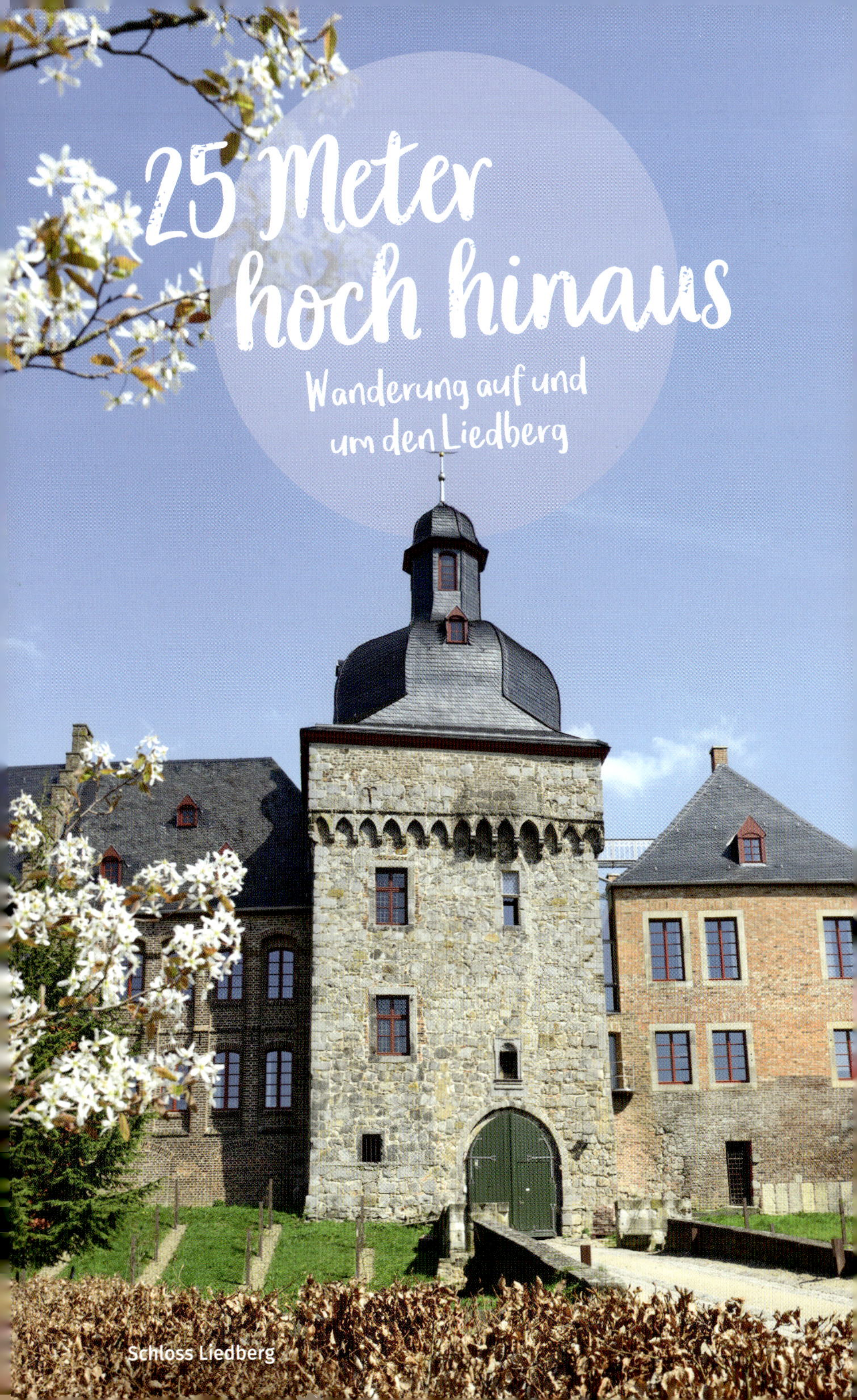

Schloss Liedberg

Einen echten Berg nehmen wir uns auf dieser Wanderung zum Ziel. Ganze 25 Meter erhebt er sich aus der ihn umgebenden Landschaft. Das hört sich wenig an und fällt anderswo noch nicht einmal auf. Aber hier bilden diese 25 Meter tatsächlich eine weithin sichtbare Landmarke: den Liedberg – geologische Besonderheit, wichtiger Steinlieferant und Siedlungsort schon in der Altsteinzeit vor 50.000 Jahren. Kein Wunder, dass sich um ihn herum eine interessante Siedlungsgeschichte entspann. Auf dieser leichten Rundwanderung bekommen wir in der flachen Auenlandschaft einen Eindruck davon, wenn wir am Nikolauskloster, am Haus Fürth und am Schloss Dyck vorbeiwandern. „Höhepunkt" ist aber selbstverständlich der Liedberg mit gleichnamigem Dorf und Schloss.

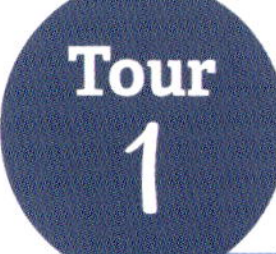

3:10 Std.

12,5 km

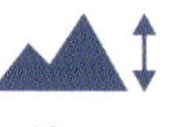
40 m

Start/Ziel: Nikolauskloster, 41363 Jüchen
Wegbeschaffenheit: Wanderwege, Feldwege, kleine verkehrsarme Asphaltstraßen
Anreise mit ÖPNV: Haltestelle Glehn Nikolauskloster

Wegbeschreibung: Am Nikolauskloster überqueren wir die Straße und wenden uns auf dem Radweg nach rechts. Erst hinter der Kurve biegen wir auf dem Fußweg links ab und wandern am Bach entlang bis zur Straße. Auf ihrer anderen Seite geht es geradeaus auf dem unbefestigten Weg weiter, immer noch rechts des Baches. Wir erreichen einen Parkplatz an einem Supermarkt und gehen nach links über die Brücke, dann biegen wir in die Schulstraße nach rechts ab. Dieser folgen wir an der Kirche vorbei bis zum Hagelkreuz. Dort wandern wir in die gleichnamige Straße nach links und gehen geradeaus in die Elisabethstraße. Sie führt uns zum Ortsrand, und wir gehen geradeaus und auf dem schmalen Pfad auf die Felder. An der T-Kreuzung wenden wir uns nach rechts und an der Kreuzung vor der großen Halle nach links. Nachdem wir an dem kleinen Spielplatz den Bach überquert haben, erreichen wir eine Straße. Dort gehen wir geradeaus auf dem Feldweg Richtung Liedberg. Auch am Fuß des Hügels gehen wir geradeaus weiter.

Bevor nach links eine Auffahrt abzweigt, führt ein Wanderweg in das Naturschutzgebiet und wir folgen dem Waldweg am Pfadfindergrab vorbei. Unter dem Schloss rechts abgebogen wandern wir

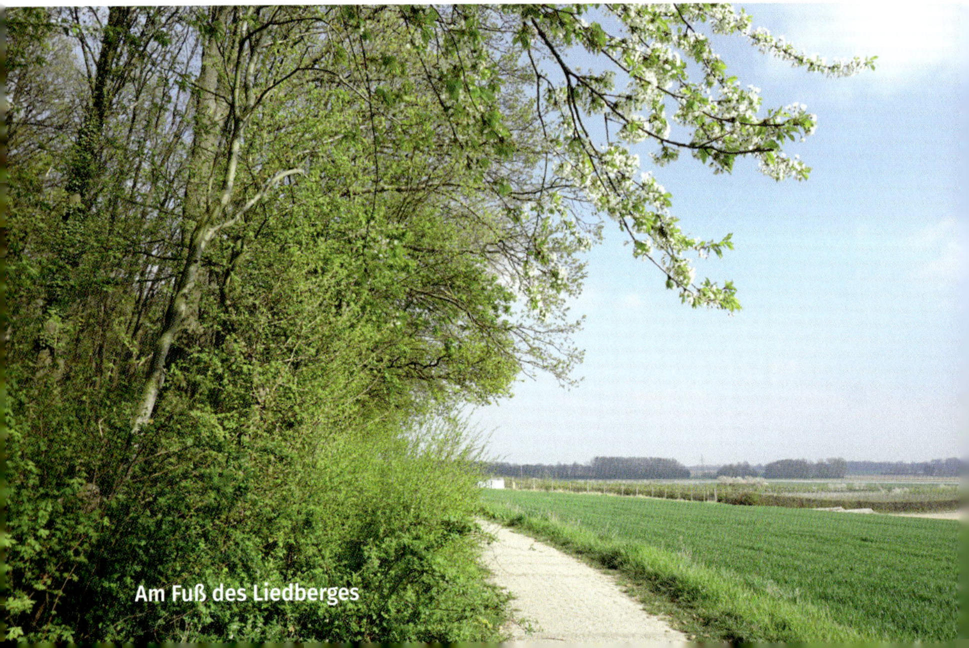

Am Fuß des Liedberges

Am Weg

Nikolauskloster

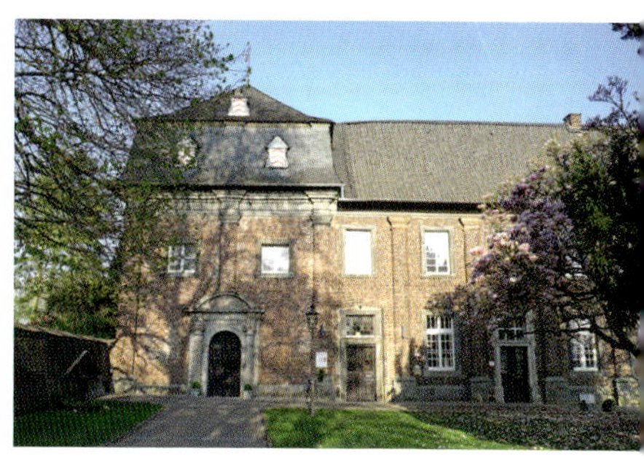

Seit wann genau es das Kloster schon gibt, liegt leider im Dunkeln. Angeblich gab es eine dem Heiligen Nikolaus geweihte Kapelle schon im 12. Jahrhundert, verbrieft ist es aber erst seit Ende des 14. Jahrhunderts. Auf gut platt lautet die erste schriftliche Erwähnung: „Sinter Claes". Dann ließ sich im Jahr 1401 ein Einsiedler nieder, dem sich eine Handvoll Brüder anschloss. Seitdem bewohnten Franziskaner das Kloster, das seine heutige Gestalt in der ersten Hälfte des 18. Jahrhunderts erhielt.

Nach der Säkularisation 1802 gelangten Kirche und Kloster in den Besitz der Familie Salm-Dyck und wurden landwirtschaftlich genutzt, die Einrichtung ging verloren. Weil aber die Kirche einst als Grablege der Herren von Schloss Dyck gedient hatte – die Gruft liegt unter der Klosterkirche – besannen sich die Besitzer, restaurierten die Kirche und holten den Orden der Oblaten, der bis heute hier ansässig ist.

durch das Tor in der Schlossmauer und gehen ins Dorf. An der Kirche biegen wir links ab und vor dem Turm noch einmal und erreichen den höchsten Punkt der Quarzitkuppe Liedberg.

Hinter der Schranke gehen wir rechts und folgen dem Weg durch den Wald an den alten Wallanlagen vorbei, bis er über einige Stufen hinunter zu einem Parkplatz führt. Dort biegen wir scharf links ab und wandern um den Liedberg ganz herum, bis wir schließlich wieder auf den Feldweg nach rechts abbiegen, auf dem wir vorher gekommen waren.

Am Ende des Feldwegs wenden wir uns nun allerdings auf dem Asphaltsträßchen nach rechts. An der Wasserburg Haus Fürth vorbei führt unsere Route geradeaus auf den Feldweg und dann zur Straße,

Am Weg

Schloss Liedberg auf dem Liedberg

Der kleine Quarzithügel ist eine echte Besonderheit, gibt es weiter nordwestlich doch nichts vergleichbares mehr. Nicht nur, dass der Hügel das Landschaftsbild in der ansonsten äußerst flachen Umgebung prägt – schon seit mindestens 2000 Jahren ist hier der Abbau von Gestein nachweisbar. Schließlich gab es weit und breit kein besser verwertbares. So wurde der Liedberger Sandstein schon in der Zeit des Frühpaläolithikums zur Herstellung von Gebrauchsgegenständen, von den Römern zum Bau ihrer Häuser genutzt, auch die Krypta der Münsterkirche von Mönchengladbach und Schloss Liedberg selbst sind aus diesem Gestein gebaut.
Dessen Geschichte reicht bis ins Hochmittelalter zurück. Es ist ganz frisch renoviert und schmückt das malerische Dorf Liedberg.
Das älteste Gebäude steht allerdings weiter westlich: Der Mühlenturm wurde wahrscheinlich als Wohn- und Wehrturm errichtet. Heute kann man ihn besteigen, wenn man eine 50-Cent-Münze für die Schranke parat hat. Die Aussicht ins Land und auf das Schloss sind einzigartig.

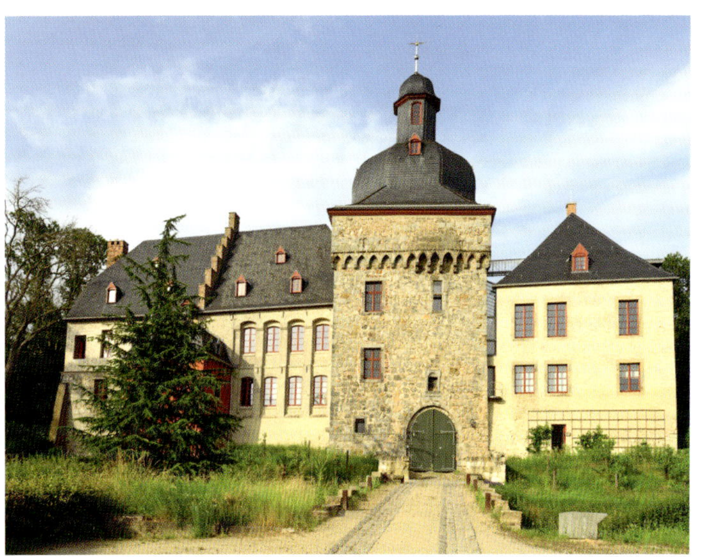

in die wir nach links einschwenken. Auch an der Gabelung halten wir uns links und im Ort Rubbelrath biegen wir in die Querstraße wiederum nach links ab. Bereits bei nächster Gelegenheit wenden wir uns nach rechts in den Klosterweg und wandern wieder aufs Feld. In den gepflasterten Querweg zweigen wir rechts ab und vor dem eingehegten Grundstück links.
Gegenüber von Schloss Dyck gehen wir entlang der Kastanienallee. Beide Wege entlang der alten Allee sind sehr schön. Der Eingang zum rechten Weg durch das Dycker Feld wird abends versperrt, der Ausgang an der anderen Seite beim Nikolauskloster ist aber immer passierbar. Beide Wege führen zurück zum Nikolauskloster.

Gastronomie

Kaffee und Kuchen im Nikolauskloster, Telefon 02182/829960, www.nikolauskloster.de
Im Alten Brauhaus, Am Markt 5, 41352 Korschenbroich-Liedberg, Telefon 02166/81518, www.im-alten-brauhaus.de
Remise Schloss Dyck, 41363 Jüchen, Telefon 02182/824260, www.stiftung-schloss-dyck.de (Das Restaurant liegt im Parkbereich, für den ein Eintritt zu bezahlen ist.)

Am Weg

Haus Fürth

Fast noch am Fuße des Liedberges liegt die Wasserburg Haus Fürth, die einzige heute noch erhaltene Wasserburg am Niederrhein, die teilweise als Fachwerkhaus gebaut wurde. Obwohl der Liedberger Sandstein für zahlreiche andere herrschaftliche Gebäude der Umgebung verwendet wurde, entschieden sich die Erbauer im 15. Jahrhundert für diese Bauweise und stellten ihr Haus mit dem schönen Treppengiebel nur auf einen Sockel aus dem Liedberger Gestein. Haus Fürth, das im vergangenen Jahrhundert saniert wurde, befindet sich in Privatbesitz.

Am Weg

Schloss Dyck

Auf vier Inseln im Kelzenberger Bach stehen das im 17. Jahrhundert im Frühbarock erbaute Wasserschloss Dyck sowie seine Wirtschafts- und Vorhöfe. Seine Geschichte ist bis ins Jahr 1094 zurückzuverfolgen – wahrscheinlich auch deswegen so lückenlos, weil seit 900 Jahren ein- und dieselbe Familie ansässig war: die Familie zu Salm-Reifferscheidt-Dyck. Bis 1999: Damals ging der Besitz in eine Stiftung für Gartenkunst und Landschaftskultur über. Davor gelang es den Herren von Dyck, sich nicht zwischen Kurköln, Jülich und Geldern zerreiben zu lassen: Das „Dycker Ländchen" blieb eigenständig. Das Schloss und sein im Rokoko gestaltetes Inneres stehen Besucherinnen und Besuchern gegen Eintritt genauso offen wie der große Englische Landschaftsgarten

Alle Informationen unter: www.stiftung-schloss-dyck.de

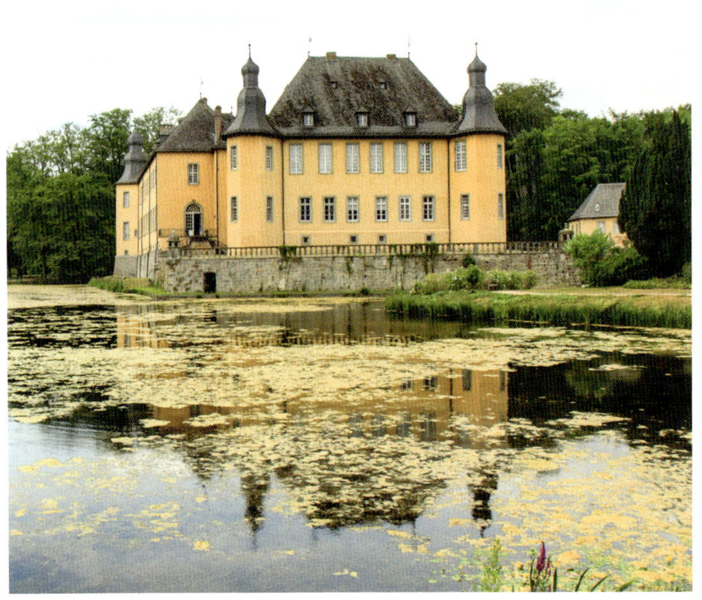

Hermannus, das Schlossgespenst

Der erste Besitzer war ein Hermannus de Dicco. Um 1094 soll er gelebt haben, als Schloss Dyck noch eine einfache Befestigung in einem sumpfigen Gebiet war. Die Legende erzählt, dass es zwischen dem Schloss und dem Nikolauskloster einen Geheimgang geben soll. Wer ihn errichtet hat, ist ungeklärt. Dass die Adelsfamilie Salm-Reifferscheidt-Dyck es geschafft hat, über 900 Jahre im Besitz des Anwesens zu bleiben, ist allerdings Realität. Beides vermischt sich in dieser Geschichte:

In dieser Zeit, als es noch keine Handys und Fernseher gab, mussten ein kleiner Bub und seine zwei älteren Brüder sich die Langeweile vertreiben. Die drei waren von adeligem Geschlecht und wohnten in einer Burg, die umgeben war von Wassergräben und dichtem Wald. Nachdem der morgendliche Unterricht endlich vorbei war, durften sie hinaus und sich austoben.

Den größten Spaß machte es ihnen, nach dem legendären Labyrinth unter der Erde zu suchen. Nicht weit von Schloss Dyck lag das Örtchen Liedberg, das vom Bergbau untergraben war. Die drei Brüder wollten den Eingang in diese Höhlen finden und endlich ein wahres Abenteuer erleben. Natürlich durfte davon niemand wissen. Deshalb fassten sie den Plan, sich nächtens aus dem Hause zu schleichen.

Gesagt, getan: Beim nächsten Vollmond hielten die Jungen in ihren Betten aus, bis die Turmuhr des nahen Nikolausklosters zur Mitternachtsstunde schlug, da stiegen sie vollständig bekleidet unter ihren Decken hervor und machten sich auf den Weg. Schnell liefen die Jungen in den Keller und nahmen den unterirdischen Geheimgang hinaus in den Wald. Etwas gruselig war ihnen schon zumute, doch das ließen sie sich natürlich nicht anmerken. Tapfer stapften sie hintereinander über den Pfad in Richtung Liedberg, der Älteste voran, der Kleinste zum Schluss. Besser wäre es allerdings andersherum gewesen, denn erst nach einer halben Stunde bemerkten die beiden Älteren, dass der Kleinste nicht mehr da war. Oje, der Augapfel der Mutter, der kleine Ferdinand fehlte! Die beiden Brüder riefen und schrien, doch auch als sie ein Stück des Wegs zurückgegangen waren, fehlte jede Spur vom kleinen Bruder. Da

standen sie nun, noch nicht in Liedberg angekommen und schon im schlimmsten Albtraum gefangen. Doch so sehr sie auch suchten, Ferdinand blieb verschwunden.
„Wann haben wir ihn zuletzt gesehen?“ fragte der älteste Bruder.
„Im Geheimgang war er ganz sicher noch hinter mir“, antwortete der mittlere Knabe verzagt. „Wie bitte?“ rief der Ältere „Quasi noch im Schloss?“
Sofort liefen die Jungen zurück zum Geheimgang und liefen durch die Gänge. Doch auch hier: kein Ferdinand.
„Wir müssen den Geheimgang zum Nikolauskloster nehmen. Vielleicht ist er an der Abzweigung dorthin abgebogen, anstatt mit uns in Richtung Wald zu gehen.“
„Was sagst du da?“ jaulte der mittlere Bruder auf: „Da spukt es doch, da geh‘ ich nie und nimmer hin!“
Da standen sie nun, die großen Abenteurer, und wussten nicht, was sie machen sollten. Doch da sie den Zorn der Mutter mehr fürchteten als ein angebliches Gespenst, gingen sie in Richtung Kloster weiter. Nur langsam setzten sie einen Fuß vor den anderen. Die Fackeln an den Wänden des Ganges flackerten. Sie hielten sich an den Händen, so gruselte es sie. Und dann, als könnte es nicht ärger kommen, schwebte plötzlich ein Kopf an ihnen vorbei. Die Jungen waren einer Ohnmacht nahe und blieben wie angewurzelt stehen. Dem schwebenden Haupt folgte ein schwebender Körper, und fast bei den Burschen angekommen, kamen die beiden Körperteile zum Halt: „Huuuhuuu!“ tönte der Geist.
Wenn die Burschen nicht gezittert hätten wie Espenlaub, hätten sie vielleicht herausgehört, dass es wie ein fröhliches: „Huhu, da bin ich“ klingen sollte.
„Was habt ihr denn? Ich bin doch euer Ururrahn! Ich müsst nicht erschrecken ...“, versuchte der Geist sie zu beruhigen: „Hermannus, mit Verlaub, aus dem adeligen Geschlecht der Dicco!“
Dann endlich setzte der Geist seinen Kopf auf seinen Hals und sah nun aus wie ein ganz normales Schlossgespenst. Die Jungen konnten immer noch keinen Laut erwidern.
„Hah! Meine Nachfahren sind ja nicht die Mutigsten. Ganz anders war

ich in eurem Alter ... Eine Ausgeburt an Mut und Furchtlosigkeit. Doch es wurde mir zum Verhängnis. Mein Kopf ging mir verloren – eine äußerst prekäre Situation. Ich musste mich entscheiden: Kopf oder Schloss. Da ich aber selbst der Mutigste unter der Sonne bin, habe ich mich für den Pakt mit dem Teufel entschieden. Der Kopf war ab, doch das Schloss für alle Zeiten in meiner Familie", schmetterte Hermannus mit vor Stolz geschwellter Brust und lächelte milde auf die Knaben herab.

Da erst fand der Älteste seine Stimme wieder und piepste: „Durchlauchter Hermannus, wir sind auf der Suche nach unserem Bruder Ferdinand. Habt Ihr ihn gesehen?"

Der Geist drehte den Kopf einmal rundherum und hob ihn dabei wieder zehn Zentimeter vom Hals. „Ich habe ihn gesehen, den kleinen Ferdinand, und habe ihn in den Klostergarten geführt. Er war doch so interessiert an all den Pflanzen und Sträuchern. Einen riesigen Garten will er anlegen, wenn er einmal Besitzer des Schlosses sein wird", lachte Hermannus und schwebte den Brüdern voran durch den Gang.

Etwas verdattert liefen diese hinterher und landeten nur einige Minuten später im mondhellen Obst- und Kräutergarten des Nikolausklosters. Und da war er dann auch endlich, der kleine Ferdinand. Zwischen all den Pflanzen und Bäumen lief er aufgeregt hin und her, schaute und ertastete, schnupperte und sprang über die Wiese. Hermannus schwebte durch den Garten, sein Kopf immer um einen halben Meter seinem Körper voran. So schnell es ging, packten die beiden älteren Geschwister den Kleinsten und zerrten ihn zurück in den Gang. Ferdinand wusste gar nicht, wie ihm geschah und winkte noch lachend dem Geist Hermannus zum Abschied, ehe die drei Knaben im Gang verschwanden. Wie froh waren sie, als sie unversehrt wieder in ihren Betten lagen. Der kleine Ferdinand träumte in dieser Nacht von seinem Schlossgarten mit allen exotischen Pflanzen der Welt. Und wenn ihr zum Schloss Dyck kommt, dann könnt ihr sehen, wie der Traumgarten des kleinen Ferdinand ausgesehen hätte: Denn Joseph zu Salm-Reifferscheidt-Dyck, der ein passionierter Hobby-Botaniker war, hat ihn zu Beginn des 19. Jahrhunderts anlegen lassen. Den kleinen Ferdinand hat es nie gegeben, doch beim Schlossgespenst Hermannus sind wir nicht so sicher ...

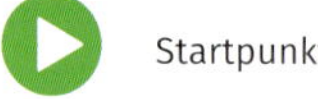

Startpunkt

Zwischenziele

Parkplatz

Haltestelle

Zielpunkt

Gastronomie

Sehenswürdigkeit

Naturerlebnis

Aussichtspunkt

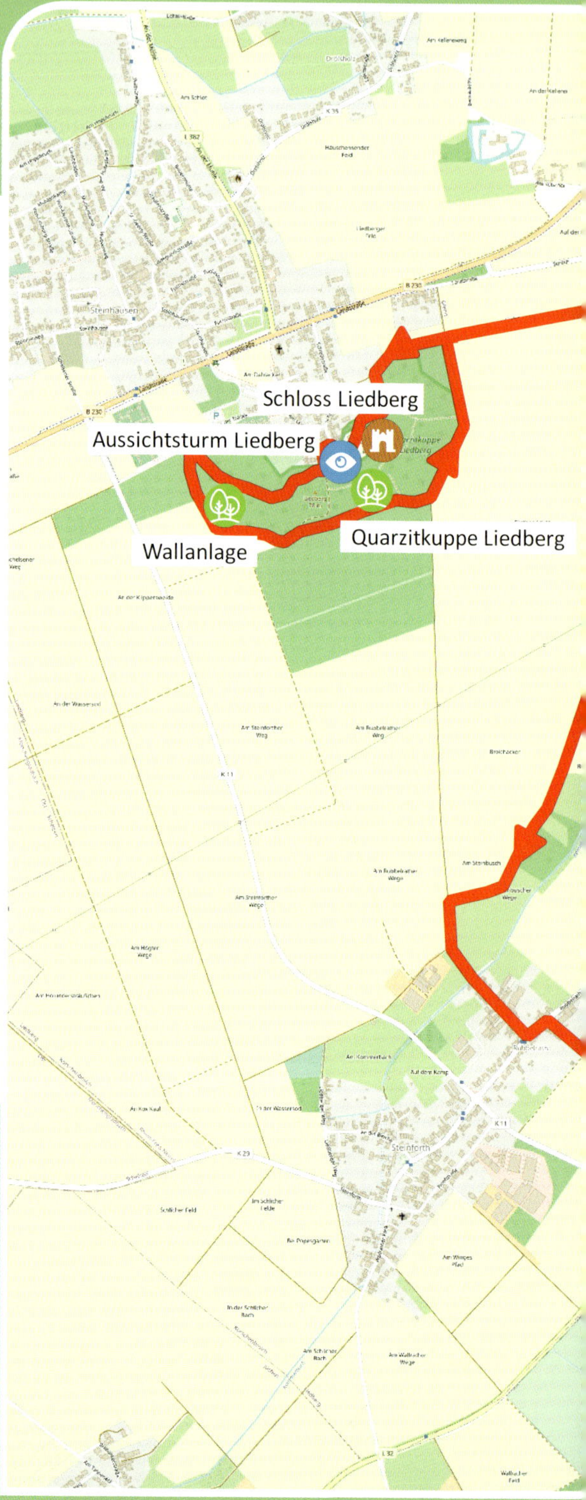

Schloss Liedberg

Aussichtsturm Liedberg

Wallanlage

Quarzitkuppe Liedberg

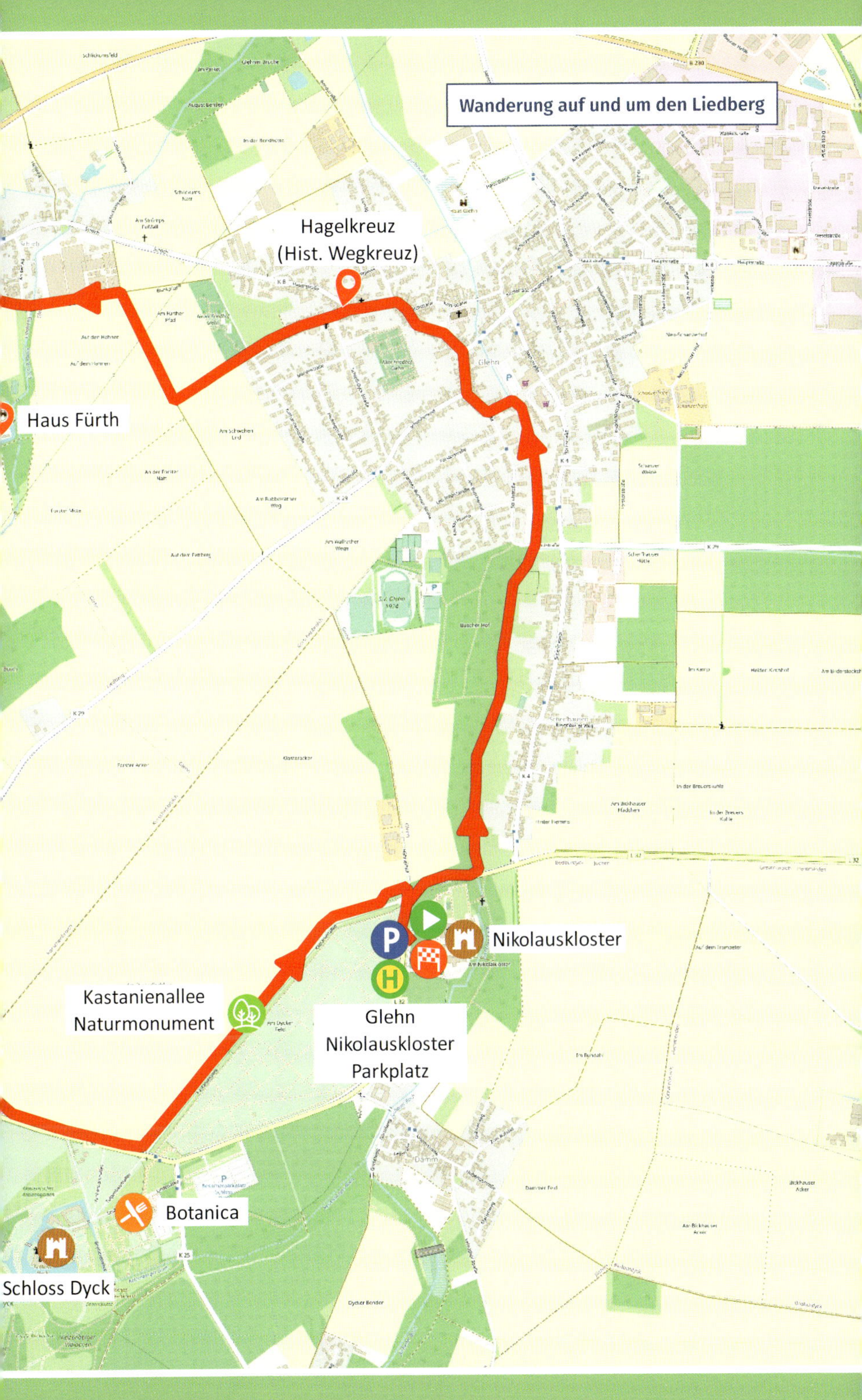
Wanderung auf und um den Liedberg
Hagelkreuz
(Hist. Wegkreuz)
Haus Fürth
Glehn
Nikolauskloster
Kastanienallee
Naturmonument
Glehn
Nikolauskloster
Parkplatz
Botanica
Schloss Dyck

Von Neandertalern empfohlen

Durch das Düsseltal zwischen Mettmann und Erkrath

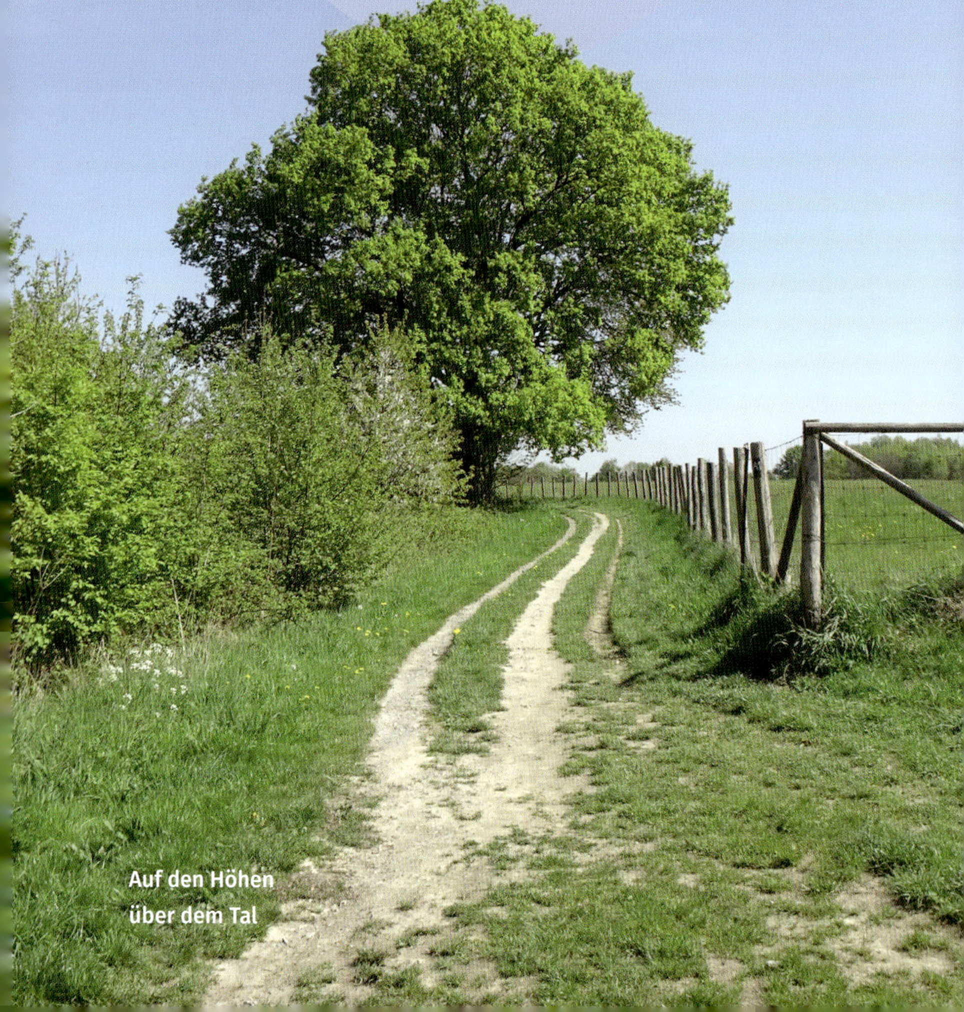

Auf den Höhen über dem Tal

Wieso heißt der Neandertaler eigentlich Neandertaler? Diese und andere Fragen beantworten sich auf dieser Runde durch das weltweit bekannte Tal. Wir starten ganz in der Nähe von der Stelle, an der einst in einem Kalksteinbruch die ersten Überreste eines Neandertalers gefunden wurden. Unsere Vorfahren haben sich jedenfalls einen lieblichen Ort ausgesucht. Zumindest präsentiert er sich heute so: mit Fachwerkhäusern in den Auewiesen, mit alten Bäumen auf den Hängen. Dazu kommen Gehege mit nachgezüchteten alten Haustierrassen. Nach einer Wanderung durch die schöne abgelegene Natur warten ein Steinzeitspielplatz und das Museum auf den Besuch: ein schöner Tagesausflug – nicht nur für Familien!

Tour 2

3:30 Std.

12,5 km

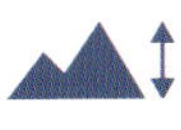
295 m

Start/Ziel: Neanderthal Museum, Talstraße 300, 40822 Mettmann
Wegbeschaffenheit: schöne breite Wanderwege und kleine asphaltierte Sträßchen ohne Autoverkehr
Parken: kostenpflichtiger Parkplatz gegenüber dem Museum, kostenlos am Bahnhaltepunkt Neanderthal (800 Meter entfernt und über eine starke Steigung zu erreichen)
Anreise mit ÖPNV: Die Regiobahn (S28 zwischen Wuppertal und Düsseldorf) hält am Bahnhof Neanderthal, die Buslinie 741 unmittelbar vor dem Museum.

Wegbeschreibung: Wir beginnen diese Wanderung entlang des Parkplatzes gegenüber dem Neanderthal Museum und bewegen uns Richtung Wildgehege Neandertal, das heißt wir bewegen uns über den Asphaltweg von der Straße fort.

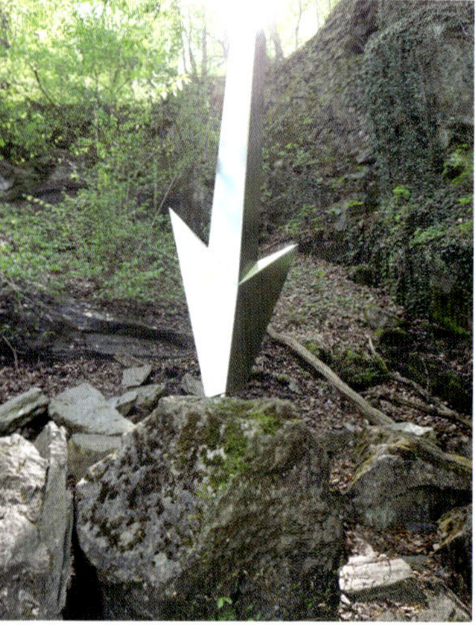

Kunstwerk „Memoria Mundi“

Nachdem wir an einem alten Steinbruch vorbeigekommen sind, wo das Kunstwerk „Memoria Mundi“ präsentiert wird, wenden wir uns gegenüber der Steinzeitwerkstatt nach rechts bergauf Richtung Millrath auf dem „Rundweg Wildgehege“. Auf der ersten Kuppe angelangt, lohnt es sich, aufs Feld hinauszutreten und über die Wiesen zu schauen – hier in der Nähe hat einst ein keltisches Dorf gestanden. Weiter geht es aber im Wald – eine Brücke führt uns über ein tief eingeschnittenes Bachtal, und bald darauf wartet rechter Hand ein Bienenlehrpfad. An manchen Tagen kann man hier Honig und Bienenwachskerzen kaufen.

Am Weg

Neanderthal Museum

Nicht weniger als vier Millionen Jahre Menschheitsgeschichte erlebbar zu machen: Damit wirbt das Museum im Neandertal. Zum Besuch gehört unbedingt auch der kleine Abstecher zur Fundstelle dazu, die Ende der 90er-Jahre wiederentdeckt und neugestaltet wurde. Neuestes Highlight ist der Turm Höhlenblick, von dem man nicht nur eine tatsächliche Aussicht ins Tal hat, sondern mithilfe moderner Technologie auch lebensecht wirkende Einblicke in eine rekonstruierte virtuelle Realität.
Das Museum bietet zahlreiche Führungen und Workshops insbesondere auch für Kinder an. **Alle Informationen unter:** www.neanderthal.de

Am Weg

Eiszeitliches Wildgehege

Nachdem sich in den ersten Jahrzehnten des vergangenen Jahrhunderts Bürgerinnen und Bürger der umliegenden Städte für den Erhalt der verbliebenen Natur und für die Bewahrung des Fundes einsetzten, wurde das Tal zum ersten Naturschutzgebiet Preußens. Außerdem wurde ein Tierpark gegründet, der seinesgleichen sucht, werden in ihm doch sogenannte Abbildzüchtungen gehalten, nämlich Tarpane und Auerochsen, die längst ausgestorben sind: Sie waren Vorfahren heutiger Pferde und Rinder.

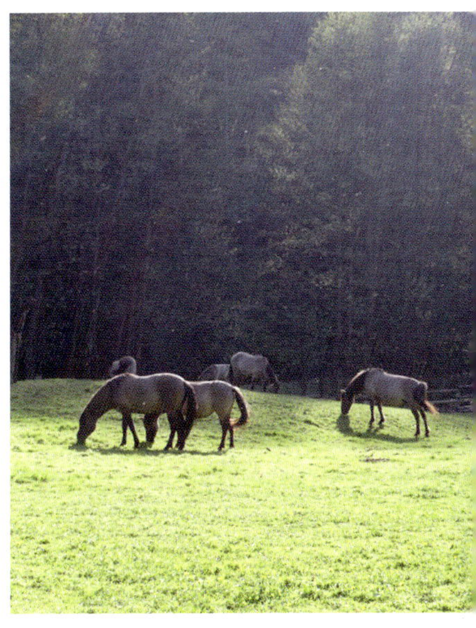

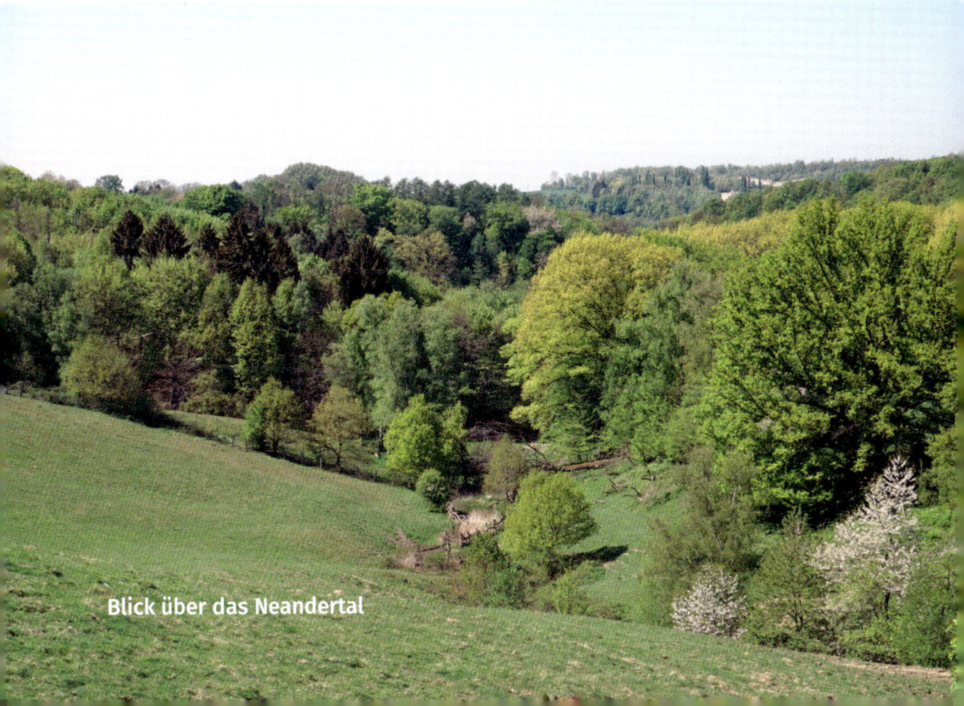

Blick über das Neandertal

Am Weg

Woher das Neandertal seinen Namen hat

Zwischen Mettmann und Erkrath hat der kleine Fluss Düssel auf seinem Weg zum Rhein über Jahrhunderte eine tiefe Schlucht in den Kalkstein gewaschen. Sie war der Lieblingsort eines Musikers, dessen Choräle und Kirchenlieder zum Teil noch heute gesungen werden: Joachim Neander lebte und arbeitete von 1674 bis 1679 in Düsseldorf und hielt in der damals noch Hundsklipp genannten Schlucht Gottesdienste und komponierte.

Es muss ein beeindruckender Ort gewesen sein mit Wasserfällen und überhängenden Klippen und großen Höhlen – der allerdings durch den in der Region allgegenwärtigen Kalkabbau in der zweiten Hälfte des 19. Jahrhunderts zerstört wurde. Im Zuge dessen fand man 1856 die Knochenreste, die den Namen des Bremer Theologen, der für fünf Jahre am Rhein gelebt hatte, weltweit bekannt machen sollte: die Knochen des ersten bekannten Neandertalers.

Der Neandertaler

In einer Grotte entdeckten Kalkarbeiter 1856 Knochenteile. Erst als sie auch auf eine Schädeldecke stießen, wurden sie aufmerksam. Ein hinzugezogener Lehrer und Naturforscher aus dem nahen Elberfeld, Johann Carl Fuhlrott, stellte recht bald die Theorie auf, dass es sich hier um die Reste eines eiszeitlichen Menschen handele. Und wurde dafür belächelt. Inzwischen weiß man, dass er recht hatte – genauere Untersuchungen der Fundstelle wurden damals aber eben nicht unternommen. Erst um die jüngste Jahrtausendwende wurden erneut Untersuchungen durchgeführt, bei denen zahlreiche steinerne Werkzeuge und Knochenfragmente gesichert werden konnten. Der Neandertaler, das weiß man heute, ist 42.000 Jahre alt, er gehört also zu den jüngeren seiner Art, die bisher in Mitteleuropa gefunden wurden.

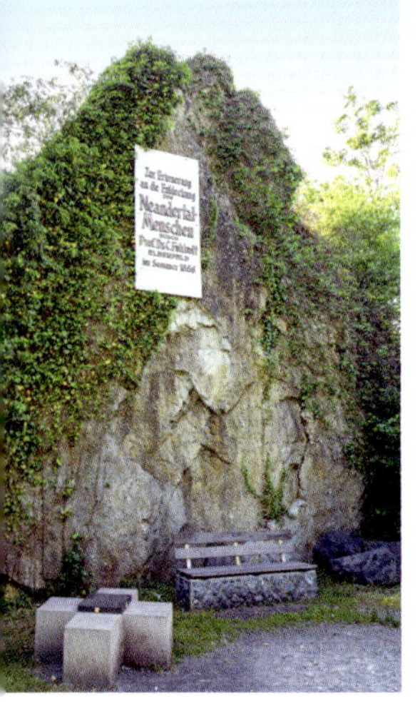

Direkt dahinter halten wir uns an der Gabelung links und wandern links des Wisent-Geheges weiter. Zwischen den weitläufigen Gehegen erreichen wir eine Aussichtsplattform und setzen dahinter unseren Weg nach links um die Wiese herum fort.

Am Auerochsen-Gehege senkt sich der Weg, und über steile Stufen erreichen wir die Höhe auf der anderen Seite des Bachtals. Noch einmal passieren wir ein Gehege, und an dessen Ende nehmen wir den ersten Weg nach rechts, also nicht erst den an der T-Kreuzung. Wir folgen dem A1 und dem blauen Neanderland-Steig-Schild Richtung Mettmann in die kleine Straße nach links und an der folgenden Gabelung im spitzen Winkel noch einmal links und wandern auf dem Asphaltsträßchen bergab. Im Tal endet der erste Kreis dieser Touren-Acht. Wer also schon zurück möchte, biegt hier hinter der Düssel links ab. Den zweiten Kreis müssen wir erst erreichen. Dafür wandern wir zunächst geradeaus und an der nächsten Abzweigung am Waldrand entlang rechts. Wir orientieren uns am Lauf der Düssel und gehen also an der Gabelung rechts und hinunter zu einer Brücke.

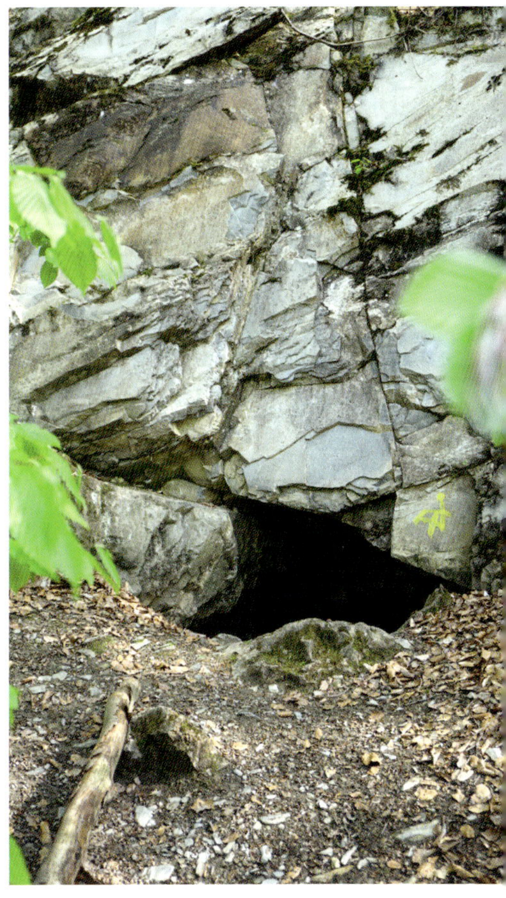

Höhle im Kalkfelsen

Der Wanderweg führt um die private Winkelsmühle herum und dahinter an der Gabelung links, bis zu einer Brücke, an der die zweite Runde beginnt.

Wir überqueren die Brücke, und nachdem wir ein restauriertes altes Bauernhaus passiert haben, erreichen wir bald Gut Thunis. Dahinter wenden wir uns an der Kreuzung rechts. Der kleinen Straße folgen wir an der alten Leinweberei in der Rechtskurve und dann bergab, bis vor der Rechtskurve im Wald ein Wanderweg nach links abzweigt. Hinter zwei Brücken biegen wir auf der anderen Seite der Düssel nach rechts ab, aber erst auf dem breiteren zweiten Weg.
Nachdem wir in der Felswand links von uns an zwei kleinen Höhleneingängen vorbeigekommen sind, biegen wir scharf rechts ab, wandern an der Gaststätte „Im kühlen Grunde" vorbei bis zu einer Kreuzung, an der wir von den beiden Wegen, die geradeaus führen, den rechten wählen. Bis zur Winkelsmühle zurück bleiben wir nun immer auf der linken Seite nah am Fluss.
Da die zweite Runde beendet ist, folgen wir nun für eine Weile demselben Weg wie vorher, bis wir wieder an das schön restaurierte Fachwerkhaus gelangen. Davor wenden wir uns nach links und biegen vor der Düssel rechts ab.
Nun wandern wir an einem Teich entlang und leicht bergauf. Oben biegen wir in den Querweg links ein, und auch an der nächsten Kreuzung halten wir uns links und wandern oberhalb oder direkt neben den Auewiesen.
Dort, wo wir dem Fluss wieder sehr nahekommen, gehen wir nicht über die Brücke, sondern bleiben am rechten Ufer. Über den großen Kinderspielplatz gelangen wir schließlich zurück zum Museum.

Gastronomie

Café Op dem Kamp, Höhenweg 27, 40699 Erkrath,
Telefon 02104/1762379, www.op-dem-kamp.de
Im Kühlen Grund, Frinzberg 2, 42781 Haan-Gruiten,
Telefon 02104/61463
Ristorante Gavi, Talstraße 310, 40822 Mettmann,
Telefon 02104/75554, www.ristorante-gavi.de

Zu Besuch bei den Neandertalern

Der intensive Kalkabbau hat das Gesicht des Tals komplett verändert, aber ohne ihn wären die Knochen der Neandertaler in der Feldhofer Höhle wahrscheinlich nie gefunden worden. Und dieser Fund hat das Neandertal auf der ganzen Welt bekannt gemacht. Wir wurden in dieser geschichtsträchtigen Region – in der schon vor 50.000 Jahren Jäger und Sammler ihr Lager aufgeschlagen hatten – zu einer modernen Geschichte inspiriert:

„Neandertaler!" rief Finn verzweifelt: „Die sind ja so hässlich, echt! So krass hässlich. Müssen wir wirklich in dieses Museum?" „Jetzt sind wir schon da", rief der Vater fröhlich, „und wenn ihr keine Lust habt, dann könnt ihr gerne eine Wanderung durch den Wald machen und wir treffen uns in zwei Stunden am Auto." Mit diesen Worten ließen die Eltern die beiden staunenden Jugendlichen zurück. „Frechheit!", meinte Lena und drehte sich empört zu ihrem jüngeren Bruder um, „Die glauben wohl, sie können uns ärgern." Woraufhin Finn lässig meinte: „Gehen wir eine Runde spazieren." So stapften sie ziellos und unmotiviert Richtung Wald.

An einer großen Felswand angekommen, sahen sie einen silbernen Blitz und ein riesiges Gehirn: „Super, das sind wohl die Kunstwerke", murmelte Finn. „Ich setze mich jetzt mal hin", klagte Lena: „Ich glaube, ich habe zwei große Blasen an den Füßen." Sie ging probeweise ein paar Schritte barfuß und wusste nicht, was schlimmer war, die Blasen oder die spitzen kleinen Steine unter den Fußsohlen. „Das tut ja höllisch weh! Ob die Neandertaler auch schon Schuhe hatten?" fragte sie ihren Bruder. „Keine Ahnung", erwiderte dieser und holte sein Handy aus der Tasche. „Die Neandertaler hatten natürlich Schuhe, wie hätten sie sonst die Eiszeit überstehen sollen." Die Stimme gehörte zu einem Jungen in ihrem Alter, der wie aus dem Nichts aufgetaucht war. „Und woher willst du das wissen?“ erwiderte Finn cool. Der Bursche lächelte verschmitzt: „Ich komme gerade aus dem Museum!“ Die beiden Geschwister wussten nicht so recht, was sie darauf antworten sollten. „Soll ich euch etwas über die Steinzeitmenschen erzählen?“ Da Finn und Lena sowieso eine Pause brauchten, setzten sich die beiden mit Tim – so hieß der Junge – zusammen auf den Waldboden zwischen die Kunstwerke.

„Hier haben vor 50.000 Jahren schon Menschen gelebt. Das müsst ihr euch mal vorstellen! Heute weiß man, dass sie nicht nur in Höhlen, sondern auch in Zelten gelebt haben: In der Ukraine hat man Reste von einer Behausung aus Mammutstoßzähnen und -knochen gefunden. Und in der Eifel ein noch älteres Lager in einem Vulkangraben – mit einer Basis aus Lavasteinen.“ Lena ließ sich von der Freude des Jungen anstecken und fragte: „Warum glaubten dann die Archäologen, dass sie in Höhlen lebten?“ „Weil die meisten Knochen, so wie hier, in Höhlen gefunden wurden. Aber nur, weil sie da besser geschützt waren und deshalb länger erhalten blieben. Oder sie wurden bewusst dort begraben.“

„Echt?“ fragte Finn, und Tim fuhr fort: „Ja, die waren nicht so primitiv, wie wir glauben. Sie lebten in einer Zeit, in der es sehr kalt war, deshalb mussten sie feste Kleidung haben. Mit einem Lendenschurz hätten sie nicht lange überleben können. In Frankreich hat man Nadeln aus Tierknochen und Elfenbein gefunden – man nennt sie Ahlen –, mit ihnen konnten sie sich aus Fellen ihre Kleidung nähen. Man weiß sogar, dass sie schon Eichenrindenextrakt herstellten, um die Felle zu gerben – aus diesem Leder waren dann wahrscheinlich ihre Schuhe“, lachte der Junge und zeigte auf Lenas nackte Füße.

„Hatten sie auch schon Schmuck?“ fragte sie ihn. „Ja, unglaublich: 40.000 Jahre alte Ringe, Kettenglieder und sogar kleine Tierfiguren wurden gefunden.“ Lena überlegte kurz: „Ich habe mal gelesen, dass man aus Weidenrinde so etwas wie Aspirin machen kann.“

„Ja, richtig, die Neandertaler hatten auch schon Medizin: Kräuter, Blätter und Rinden waren ihre Grundlagen – Reste davon hat man an ihren Rastplätzen gefunden.“

„So primitiv waren die ja wirklich nicht", stellte Finn fest.
„Nein, und sie hatten auch Waffen, um Wildpferde, Wisente und Rentiere zu jagen: Sie klebten mit Birkenpech Steinspitzen auf Holzspeere. Die waren zwar meist nicht tödlich, aber die Tiere wurden schwer verletzt und konnten dann erlegt werden", erzählte der Junge weiter. Lena kam ins Grübeln: „Wir wissen ja erst seit 150 Jahren, dass es überhaupt Neandertaler gibt", sinnierte sie.
Tim lachte: „Ja, und die Wissenschaftler haben herausgefunden, dass sich der Neandertaler mit dem Homo sapiens, der aus Afrika nach Europa kam, vermischt hat – er ist gar nicht ausgestorben, denn jeder von uns trägt angeblich zwei bis drei Prozent Neandertaler-DNA im Körper. Ist das nicht krass?" Lena und Finn schauten sich an und mussten bei dem Gedanken lachen. „Ich habe immer schon gesagt, dass du ein Gehirn wie ein Neandertaler hast", neckte Finn seine Schwester. „Aber ihre Gehirne waren sogar größer als unsere ...", fiel Tim in ihr Lachen ein. „Ob sie deshalb klüger waren ...?"
Lena schaute auf ihr Handy und stellte fest, dass es schon spät geworden war: „Finn, wir müssen zurück zum Auto!" Die Jugendlichen gingen gemeinsam zum Parkplatz, wo sie sich fröhlich voneinander verabschiedeten.
„Und? Wie war's bei euch?" fragten die Eltern neugierig. Finn erwiderte stolz: „Wir haben wahrscheinlich genauso viel erfahren wie ihr und haben auch noch die Kunstwerke und den Wald gesehen." Lena legte lachend eine Hand auf seine Schulter: „Ja genau, und jetzt wollen wir aber auch ins Museum!"

Tour 2

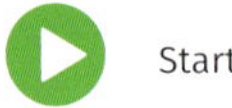

Startpunkt

Zwischenziele

Parkplatz

Haltestelle

Zielpunkt

Gastronomie

Naturerlebnis

Kulturstätte

Freizeitspaß

Kunstobjekt

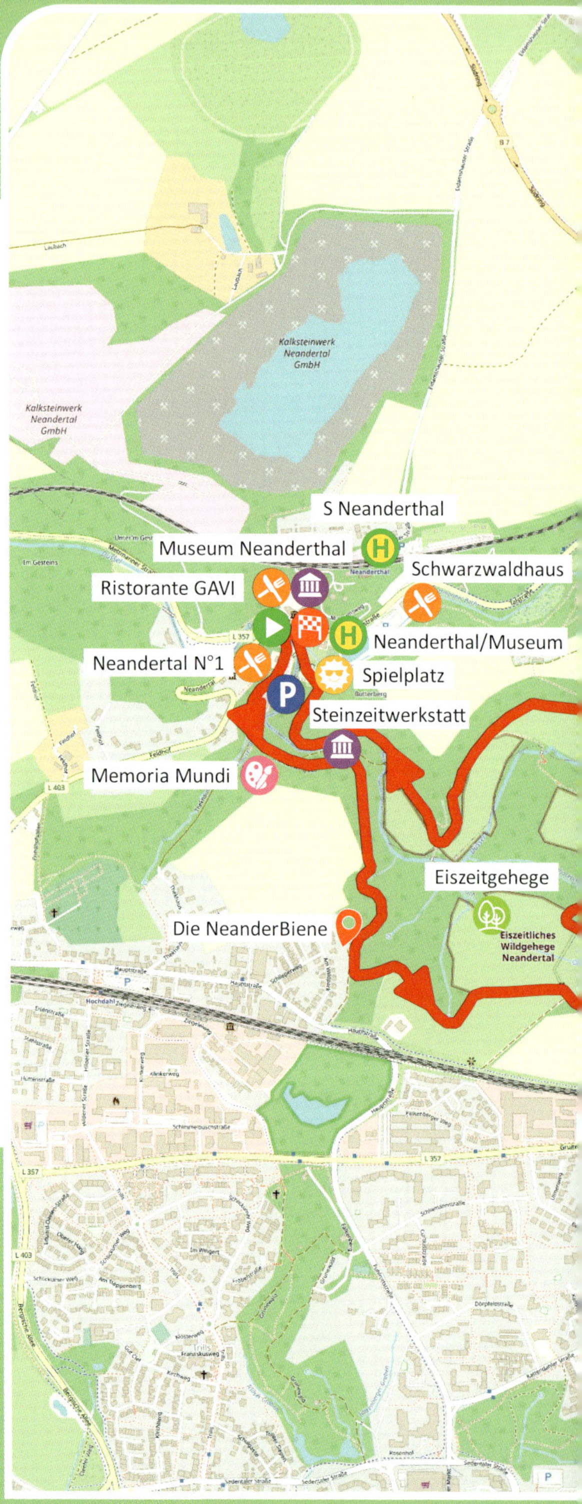

Kalksteinwerk Neandertal GmbH

S Neanderthal

Museum Neanderthal

Schwarzwaldhaus

Ristorante GAVI

Neanderthal/Museum

Neandertal N°1

Spielplatz

Steinzeitwerkstatt

Memoria Mundi

Eiszeitgehege

Die NeanderBiene

Eiszeitliches Wildgehege Neandertal

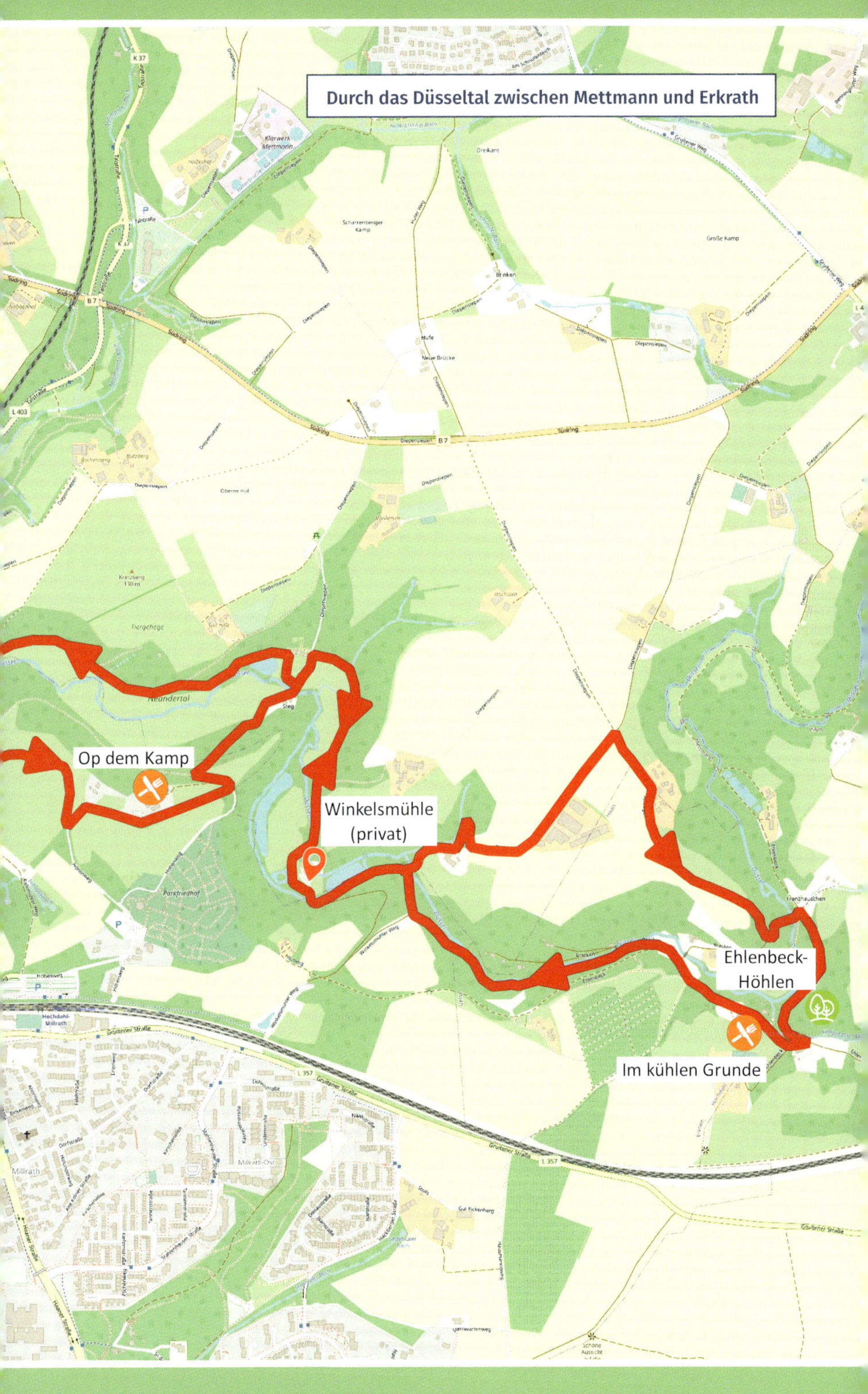

Durch das Düsseltal zwischen Mettmann und Erkrath
Op dem Kamp
Winkelsmühle
(privat)
Ehlenbeck-
Höhlen
Im kühlen Grunde
Neandertal
Parkfriedhof
Klärwerk
Mettmann
Dreikant
Große Kamp
Brinken
Hufe
Neue Brücke
Südring
B 7
K 37
L 403
L 357
Kreuzberg
110 m
Tiergehege
Steg
Millrath
Millrath-Ost
Hochdahl-
Millrath
Gruitener Straße
Frenzhäuschen
Gut Eickenberg
Schöne
Aussicht

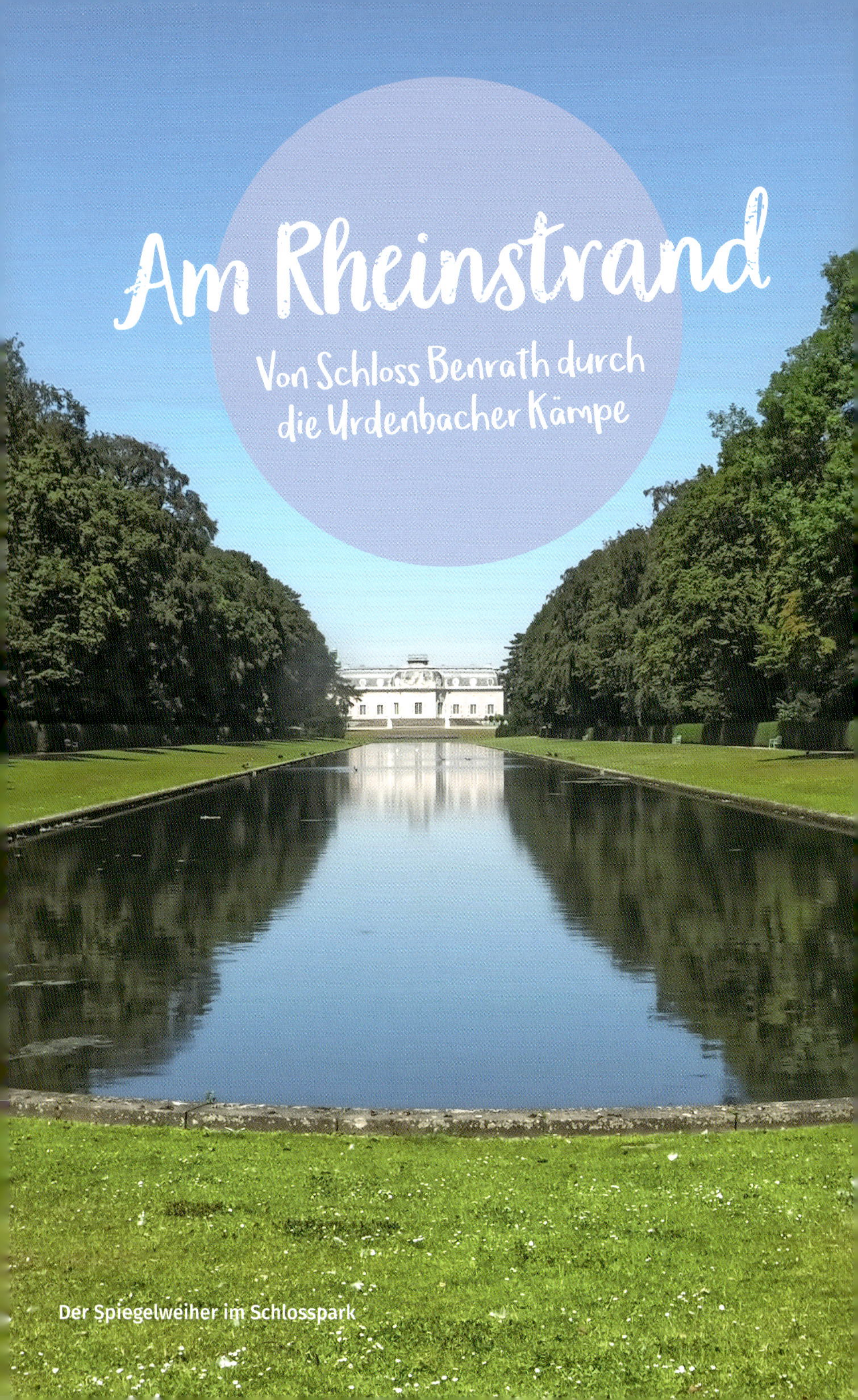

Am Rheinstrand

Von Schloss Benrath durch die Urdenbacher Kämpe

Der Spiegelweiher im Schlosspark

Diese Wanderung entführt ohne Zweifel in einen der schönsten Teile der Landeshauptstadt Düsseldorf. In Benrath am Schloss vorbei und durch den Park wandern, in Urdenbach die grüne Kämpe erkunden oder mit den Muscheln und Kieseln am Rheinstrand spielen: Der Düsseldorfer Süden hat viel zu bieten! Dass das Römische Museum in Haus Bürgel am niedergermanischen Limes ausgerechnet wenige Meter hinter der Stadtgrenze nach Monheim steht, ist für Düsseldorfer natürlich ärgerlich: Es hätte ein Trumpf im ewigen Wettstreit mit den Kölnern sein können. Aber was sind schon Grenzen? Selbst der Rhein ist wegen der Fähre kein Hindernis und das gegenüberliegende Zons unbedingt einen Abstecher wert!

Tour 3

3:00 Std.

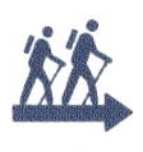
11,5 km

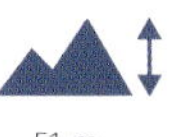
51 m

Start/Ziel: Vor dem Benrather Schloss, Benrather Schlossallee 100–106, 40597 Düsseldorf
Wegbeschaffenheit: überwiegend weiche Naturwege, Schotterwege, durch Urdenbach auf Bürgersteigen
Parken: kostenloser Parkplatz auf der Friedhofstraße unter der Straßenbrücke
Anreise mit ÖPNV: Düsseldorf-Benrath Bahnhof oder mit der Straßenbahn bis Haltestelle Schloss Benrath
Besonderheit: Die Wanderung führt durch Auen, die bei Hochwasser überflutet und nicht begehbar sind. Bitte vor der Wanderung Erkundigungen einholen!

Wegbeschreibung: Diese Wanderung beginnen wir vor Schloss Benrath. Dahinter wählen wir von der rechten Seite des Gebäudes die Diagonale mit den zwei breiten Spuren. Diesen folgen wir bis zum Rhein. Dort treten wir durch ein Tor aus dem Park und gehen hinter der Straße auf dem Fuß-und Radweg auf dem Rheindeich nach links.

Gleich hinter dem „Alten Fischerhaus" wandern wir nach rechts hinunter in die Urdenbacher Kämpe. Nachdem wir die Brücke über den Altrhein überquert haben, gehen wir links an der für diese Gegend typischen Pappelallee entlang. Am Ende der Allee wenden wir uns direkt zum Ufer des Rheins und wandern weiter flussaufwärts.

Am Wegrand stehen bald Pappeln die dazu einladen, zwischen ihre Wurzeln zu kriechen, was nicht nur für Kinder ein echtes Abenteuer ist.

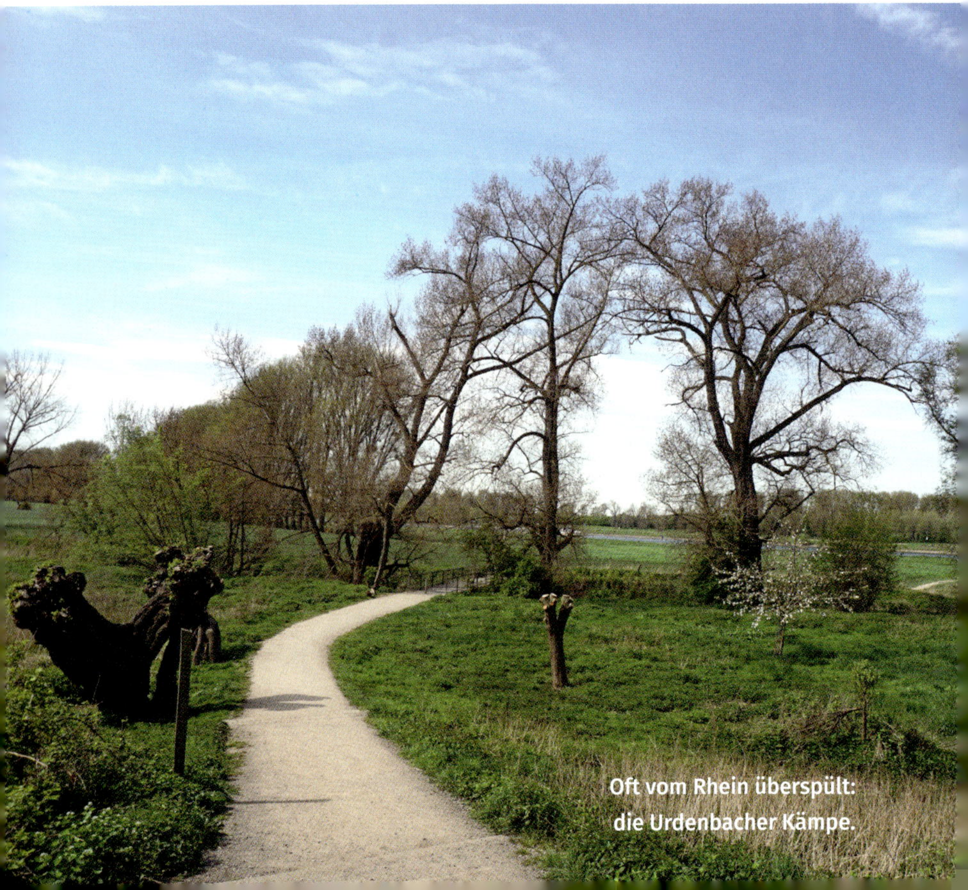

Oft vom Rhein überspült: die Urdenbacher Kämpe.

Am Weg

Schloss Benrath

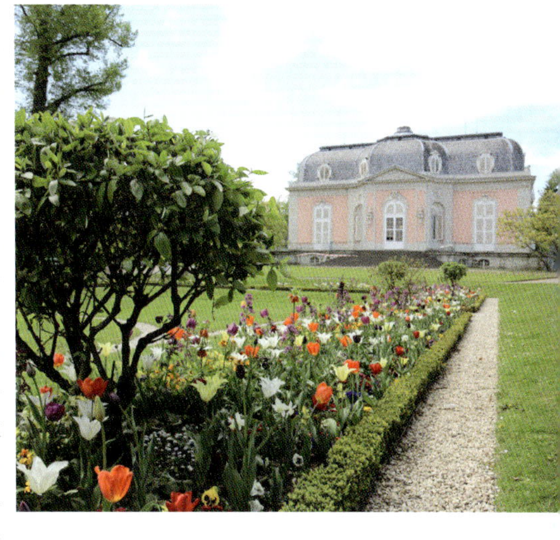

Ein Lustschloss hat sich Kurfürst Carl Theodor von der Pfalz 1755 in Benrath errichten lassen. „Maison de plaisance" nannte man das damals vornehm auf französisch. Den Garten ließ er auch von einem Franzosen planen: Nicolas de Pigage. Wer das Schloss von außen sieht, vermutet in dem für seine Zeit hochmodern geplanten Haus kaum die fast 100 Zimmer. Im westlichen Flügel befindet sich das Naturkundemuseum, das 1929 als naturkundliches Heimatmuseum des Schlossgymnasiums gegründet wurde. Unterirdische Gänge verbinden die Gebäudeteile, die oberirdisch durch geschickt geplante Blickachsen den Landschaftspark und die Architektur verbinden.

Womit wir beim zweiten Museum wären, dem Museum für europäische Gartenkunst: „eine Kulturgeschichte der Gärten von der Antike bis in die Gegenwart" heißt es auf der Website, das Ganze in 41 Räumen – so dass auch bei einem Rundgang sich große Teile des Schlosses gleich mitbesichtigen lassen.

Zum Besuch des Schlosses gehört ein Gang durch den Park – und auch wir durchwandern einen Teil des 61 Hektar großen Geländes. Es steht unter Denkmal- und größtenteils sogar unter Naturschutz. Der älteste Teil des Gartens ist der Parterregarten aus dem 17. Jahrhundert. Botanische und ornithologische Führungen sind ebenso im Angebot der „Stiftung Schloss und Park Benrath" wie kunsthistorische.

Alle Informationen unter: www.schloss-benrath.de

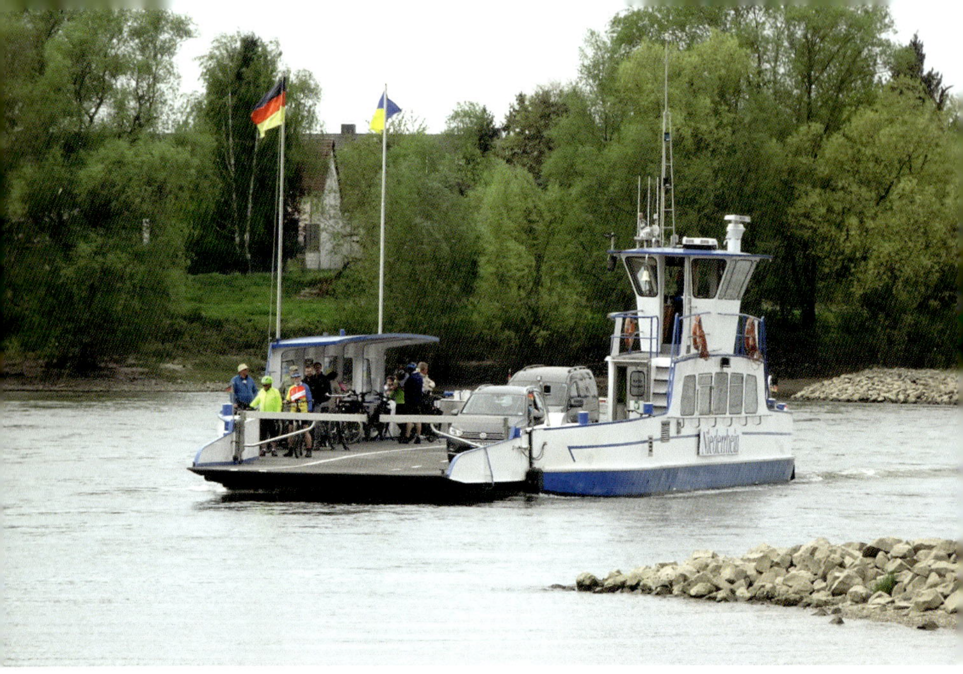

Die Fähre pendelt zwischen der Kämpe und Zons.

Dann erreichen wir den Fähranleger, und wer genug Zeit hat kann einen Ausflug auf die andere Rheinseite in den historischen und sehenswerten Ort Zons machen.

Unsere Runde setzen wir auf der Düsseldorfer Seite des Rheins geradeaus fort. Wir wandern direkt am Ufer entlang, bis wir den Fluss hinter dem Schild mit der 3 und kurz vor dem mit der 2 nach links verlassen. Zwischen den Bäumen führt uns der Wanderweg rechts, bevor wir nach einer Hainbuchenallee auf einen Querweg stoßen, in den wir links einbiegen. An der nächsten T-Kreuzung wenden wir uns kurz nach rechts, um dann gleich links Richtung Haus Bürgel weiterzuwandern.

Vor dem großen Feld wenden wir uns nach rechts. Feld heißt auf Latein Campus, und daher hat die Kämpe ihren Namen. Hinter Haus Bürgel gelangen wir an eine Straße, die wir am Bushäuschen und am Wegkreuz überqueren. An den nächsten beiden Gabelungen gehen wir jeweils links.

Am Ende des Feldes wandern wir durch die Schranke geradeaus in das Naturschutzgebiet Bürgeler Wiesen. Hinter der zweiten Infotafel halten wir uns vor der nächsten Wiese links am Waldrand.

Am Weg

Mittelalterliches Flair in Zons

Wer die Fähre nimmt und über den Fluss fährt, kommt in die ehemalige Zollfeste Zons. Ein mittelalterliches Städtchen mit besonderem Flair: Befestigungsanlage, Wachtürme, das Rheintor, eine Windmühle und viele gemütliche Restaurants und Cafés. Und wer Märchen nicht nur lesen, sondern auch „in echt" sehen will, ist hier richtig: Auf der Freilichtbühne am Schloss Friedestrom wird jährlich ein anderes Märchen in Szene gesetzt. Im Herbst locken Mittelaltermärkte und im Winter ein idyllischer Weihnachtsmarkt. Zu jeder Jahreszeit hält Zons für die ganze Familie Überraschendes bereit. Und eines ist sicher: Wer dort flaniert, fühlt sich selbst wie in einem mittelalterlichen Märchen.

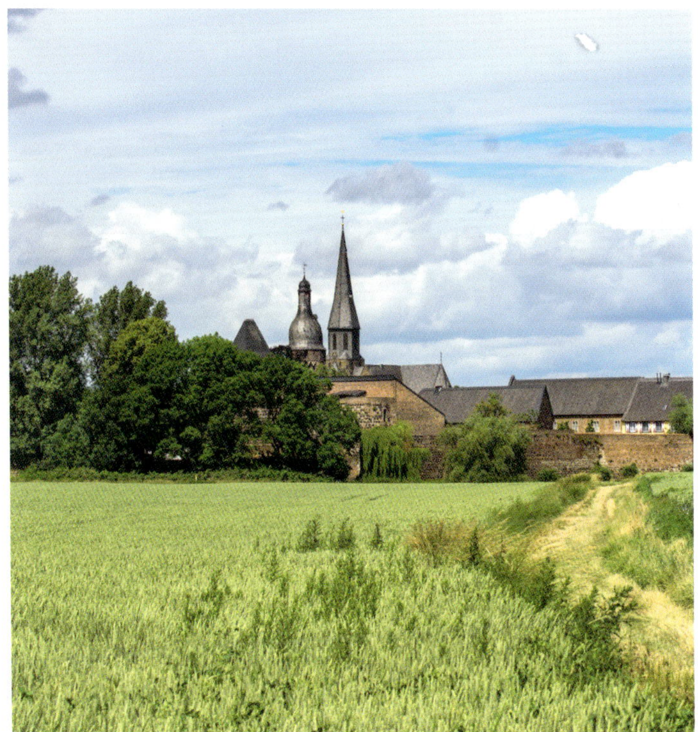

Am Weg

Haus Bürgel

So alt ist selten ein Gebäude, dass es nachweislich auf das 1. Jahrhundert n. Chr. zurückgeführt werden kann. Dieser Gutshof schon. Deshalb bietet Haus Bürgel heute auch Heimat für ein außergewöhnliches Römermuseum. Außergewöhnlich deshalb, weil es nicht nur im Inneren römische Geschichte und Geschichten erzählt, sondern auch einen Nutzgarten aus der germanisch-römischen Zeit vorstellt – selbst ein römischer Backofen fehlt nicht. Wie waren die Essgewohnheiten vor 2000 Jahren? Hier kann man es erfahren. Ebenfalls spannend: Wie fuhren die Römer über den Rhein? Auch diese Frage wird beantwortet. Infos zum Römischen Museum unter: www.hausbuergel.de/roemisches-museum
Und als wäre das nicht schon genug, bietet das Haus Bürgel auch eine Biologische Station. Wer möchte, kann eine geführte Wanderung durch die Urdenbacher Kämpe buchen.

Weiterführende Infos unter: www.hausbuergel.de/biologische-station, www.bsdme.de und www.auenblicke.de

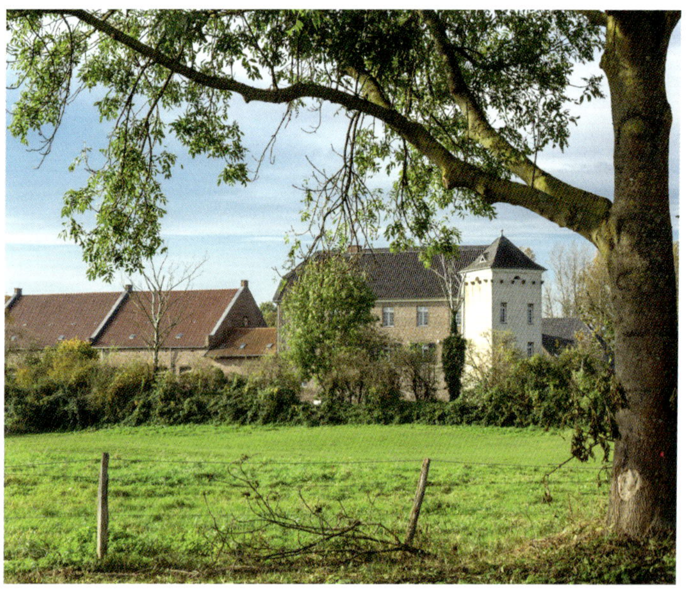

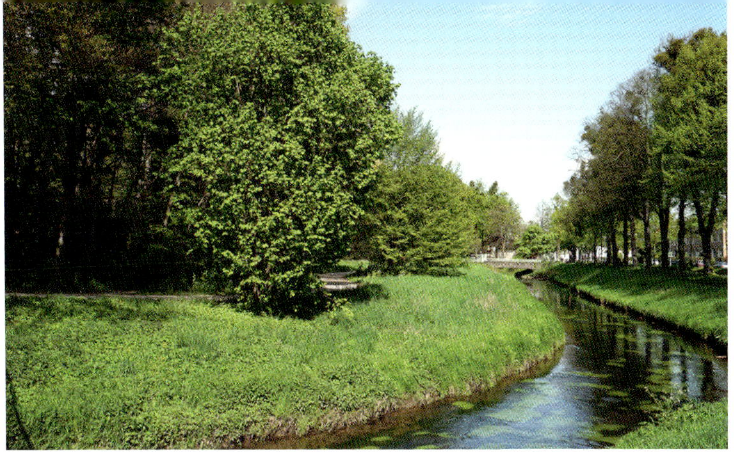

Zurück im Schlosspark

Schließlich erreichen wir am Altrhein einen Querweg und wandern nach rechts, auf dem Deich bis zur ersten Brücke, die wir nach links überqueren. Vor den Häusern wenden wir uns nach rechts und an der Gabelung links. Bei nächster Gelegenheit gehen wir links und dann links am Spielplatz vorbei. Am Ende des Grüngürtels stoßen wir auf eine Querstraße, wo wir schräg links in die Kolhagenstraße einbiegen, die uns auch jenseits der Südallee geradeaus weiterführt. Die ruhige Straße führt uns bis zur Urdenbacher Allee. Hier überqueren wir gegenüber der Schule die Straße und wandern dann rechts am Bach entlang. An der „Stierstele" wählen wir von den drei Möglichkeiten die mittlere, die uns schräg links auf eine Brücke zuführt. Geradeaus gehen wir nun wieder auf das Benrather Schloss zu und halten uns dafür rechts des Spiegelweihers. Auf dieser Seite des Weihers hält der Schlosspark noch einige Attraktionen bereit, verschiedene Gärten wie den Rosen- oder den Küchengarten und nicht zuletzt einen Spielplatz.

Gastronomie

Altes Fischerhaus, Am Alten Rhein 83, 40593 Düsseldorf, Telefon 0211/714597, www.altes-fischerhaus.de

Haus Ausleger, Am Ausleger 4, 40593 Düsseldorf, Telefon 0211/7183424, www.hausausleger.de

Schlosscafé Schloss Benrath, Benrather Schlossallee 108, 40597 Düsseldorf, Telefon 0211/26179248, www.schloss-benrath.de/schlosscafe

Der Wassermann und die Gefängniswärter vom Zonser Juddeturm

Zwischen Zons und Haus Bürgel – beides sehr alte Orte mit einer langen Geschichte, die leider nicht immer nur gut war – lebte einst ein Wassermann, der beide Ufer sein Zuhause nannte. Deshalb bekam er natürlich sehr genau mit, was so vor sich ging. Und einmal konnte er nicht anders, da musste er für ein Menschenleben eine Ausnahme machen und eingreifen ...

Man erzählt sich, dass in den weiten Rheinauen gegenüber von Zons vor langer Zeit einmal ein rebellischer, rheinischer Wassermann gelebt haben soll. Eigentlich lebten diese Wasserwesen in größeren Gemeinschaften, doch dieser lebte allein. Er hatte sich nie so recht dazugehörig gefühlt: Vielleicht lag es an seinen zu dunklen Haaren und Augen. Vielleicht lag es aber auch daran, dass er sich schon immer für die Menschen interessiert hatte und sie sehr bewunderte für die Art und Weise, wie sie sich auf zwei Beinen über die Erde bewegten. Und so hielt er sich meist irgendwo am Ufer auf und beobachtete die Menschen aus der Ferne. Auch nachts war er manchmal unterwegs, und es fiel ihm auf, dass die Gefängniswärter vom Zonser Juddeturm nie schliefen. Aus diesem Turm hatte der Wassermann immer wieder einmal Schreie und lautes Geheul gehört, deshalb kam er in der Nacht manchmal dorthin. Er wusste, dass dort arme Kreaturen eingesperrt waren. Warum sich die Menschen gegenseitig einsperrten, wusste er jedoch nicht. Er verstand vieles nicht, was sich außerhalb des Wassers abspielte. Und so kam es, dass er nachts wieder einmal bei Zons unterwegs war, als die Wärter eine Frau zum Turm schleppten: Sie war noch jung, und wunderschön war sie auch. Er konnte sich nicht vorstellen, was sie verbrochen haben mochte. „Du Hexe, du wirst schon sehen, wenn wir dir den Prozess machen!“ schrie einer der Aufseher und stieß die Frau vor sich her auf die Treppe zu. „Aber zuerst werden wir dir deine Haare scheren, wie einem Schaf!“

Alle Männer lachten, und gemeinsam schleppten sie die arme Frau in den Turm. Unser Wassermann allerdings verengte seine beeindruckend dunklen Augen. Wie die dunkle See leuchteten sie durch die Nacht. Das passierte immer, wenn er sich fürchterlich ärgerte. Er dachte an seine Schwestern und stellte sich vor, was er machen würde, wenn jemand es wagen würden, einer von ihnen etwas anzutun. Kaum hatte er an seine Schwestern gedacht, entspann sich in ihm der Wunsch, dieser jungen Frau zu helfen.

Die ganze Nacht über dachte er nach, wie er das anstellen könnte, und als es endlich Morgen wurde, versteckte er sich am Ufer. Da kamen die Wärter, geführt von einem Mann in einem schwarzen langen Kleid. Dieser rief: „Wir machen die Wasserprobe!" Der junge Nix beobachtete, wie sie das Mädchen in Ketten gelegt hinter sich her zerrten. Ihre Haare waren weg, ihr Schädel kahl rasiert. Trotzdem war sie immer noch wunderschön in ihrem Schmerz und ihrer unschuldigen Reinheit – für den Wassermann noch schöner sogar.

Nackt wie Gott sie schuf, wurden der Frau der rechte Arm an den linken Fuß gebunden und umgekehrt. So warf man sie an ein Seil gebunden in den Rhein. Da das Mädchen im Dorf sehr beliebt war, kam niemand an den Rhein, um dem Schauspiel beizuwohnen, obwohl das damals durchaus üblich war – in diesem Fall verweigerten sich die Leute. Nur der alte Priester, die Wärter und der Richter waren da.

„Wenn sie obenauf schwimmt, ist sie eine Hexe, wenn sie untergeht, ist ihre Unschuld bewiesen und ihr zieht sie wieder aus dem Wasser. Aber erst, wenn ich es anordne!" schrie der Richter.

Selbst den Wächtern war es mulmig, das stille und unschuldige Mädchen so ausgeliefert in den Fluss zu werfen - aber was blieb ihnen übrig? Sie seufzten tief, nahmen das hilflose Wesen und warfen es in den reißenden Fluss. Sofort wurde das Mädchen unter Wasser gezogen, und da es sich nicht bewegen konnte, wurde es von der Strömung mitgeris-

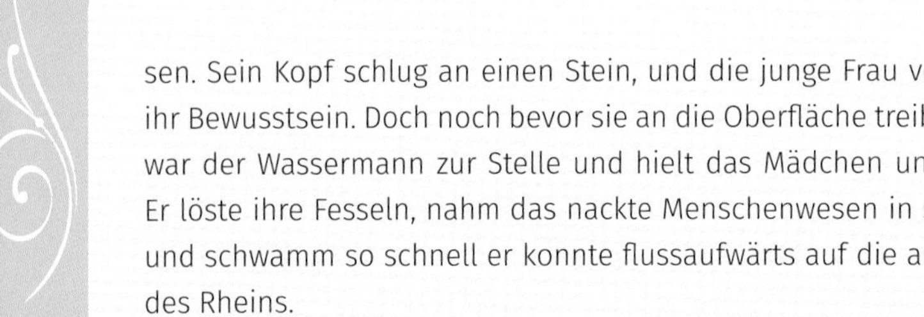

sen. Sein Kopf schlug an einen Stein, und die junge Frau verlor sofort ihr Bewusstsein. Doch noch bevor sie an die Oberfläche treiben konnte, war der Wassermann zur Stelle und hielt das Mädchen unter Wasser. Er löste ihre Fesseln, nahm das nackte Menschenwesen in seinen Arm und schwamm so schnell er konnte flussaufwärts auf die andere Seite des Rheins.

Bei Zons holten gerade die Männer den leeren Strick aus dem Wasser. Kopfschüttelnd standen sie da: „Es muss eine Heilige gewesen sein!" rief da der Pfarrer, bekreuzigte sich und fiel auf die Knie. „Was haben wir nur getan?"

Doch unser Wassermann war auf der anderen Flussseite weit genug entfernt, so dass niemand sehen konnte, wie er das Mädchen ans Ufer bettete. Da er selbst keine Beine besaß, musste er sie auf eine Baumwurzel legen, die in den Rheinauen bis in den Fluss reichten. Als sie sicher war, tauchte er unter, da er an Land nicht atmen konnte.

Er wusste, dass das Mädchen unter Wasser keine Luft bekam – so waren sie durch ihre unterschiedlichen Elemente voneinander getrennt. Darüber wurde er sehr traurig, und in seiner tiefen Trauer rief er nach seinen Eltern, den Wassergöttern des Rheins. „Helft mir, Mutter und Vater, was soll ich nur tun!" Während er verzweifelt unter Wasser auf Unterstützung wartete, erwachte auf der Wurzel am Rheinufer das Mädchen aus seiner Ohnmacht. Die junge Frau hustete, und ein Schwall Wasser kam aus ihren Lungen, bevor sie wieder Luft holen und sich aufrichten konnte.

Genau in diesem Moment tauchte ein Kopf hinter dem großen Baum auf. Ein junger Mann mit hochrotem Gesicht blickte sie an. Schnell bedeckte das Mädchen seinen nackten Körper so gut es ging, doch wirklich möglich war dies nicht. Da schnellte der junge Mann hervor und legte ihr seine Jacke über. Blond und groß war er, seine Haut war gebräunt und ließ seine blonden Haare und die blauen Augen noch mehr strahlen. Das Mädchen sah fasziniert zu ihm auf. Und das tat sie immer noch, als er sie schon lange hochgehoben hatte und auf seinen Armen davontrug. „Alles komt goed!" sagte er beruhigend zu ihr, „Ik help je!"

Das Mädchen verstand zwar nicht genau, was er meinte, aber es fühlte sich in seinen Armen sicher und geborgen. So ging der große, starke Mann durch die Rheinauen davon in Richtung Norden – in seinen Armen die junge Frau.
Doch was war mit unserem verzweifelten Wassermann? Er schwamm aufgeregt hin und her, aber weit und breit zeigte sich kein anderes Waswesen. Als schon einige Zeit vergangen war, wollte er wieder nach dem Mädchen schauen. Als er aus dem Wasser auftauchte, um sich ihr endlich vorzustellen – da war sie verschwunden. Er konnte es nicht fassen. Sie war weg! Da löste sich in ihm ein großer Schmerz, und aus seiner Kehle drang ein Schrei, der entlang des ganzen langen Rheins zu hören war. Er stürzte sich in die Fluten und schwamm wie von Sinnen gegen den Strom.
Da endlich kam das Götterpaar: Der Vater fing seinen Sohn auf und hielt ihn in den Armen, bis er sich etwas beruhigt hatte. „Was ist passiert?" fragte seine Mutter, die Göttin des Flusses. „Warum heulst du wie ein altes Boot?" Sie war nicht die empfindsamste Mutter, diese Rheingöttin, und so nahm der Vater den Sohn und sagte: „Ab heute kommst du wieder zu uns, du bist mir der liebste meiner Söhne, auch wenn du komische Augen und Haare hast. Ich liebe dich, und du hast mir sehr gefehlt!" Der Nix ließ sich überreden und schwamm mit den beiden zurück zu seiner Sippe.
Doch er blieb für alle Zeiten allein, ohne Frau. Sein Herz hatte er verloren an das Mädchen vom Juddeturm. Und immer wieder kam er zurück nach Zons und in die Rheinauen der Urdenbacher Kämpe, um zu sehen, ob sie zurückgekehrt war. Viele Jahrhunderte lang machte er das und auch heute kann man ihn noch manchmal sehen: In mondhellen Nächten glitzert es verräterisch unter der Wasseroberfläche. Für die Menschen der Region war das ein großes Glück, denn auf seiner nächtlichen Suche hat er immer wieder einmal einen Ertrinkenden oder manchmal sogar ein ganzes Schiff gerettet.
Und in Zons wurde lange Zeit eine heilige Frau verehrt, die zu Unrecht im Rhein ertränkt wurde und für immer verschwunden blieb ...

Tour 3

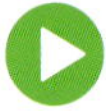 Startpunkt

 Zwischenziele

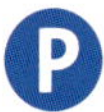 Parkplatz

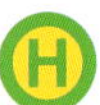 Haltestelle

 Zielpunkt

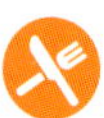 Gastronomie

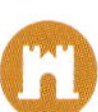 Sehenswürdigkeit

 Fähre

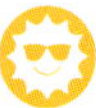 Freizeitspaß

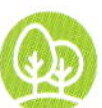 Naturerlebnis

 Kunstobjekt

 Kulturstätte

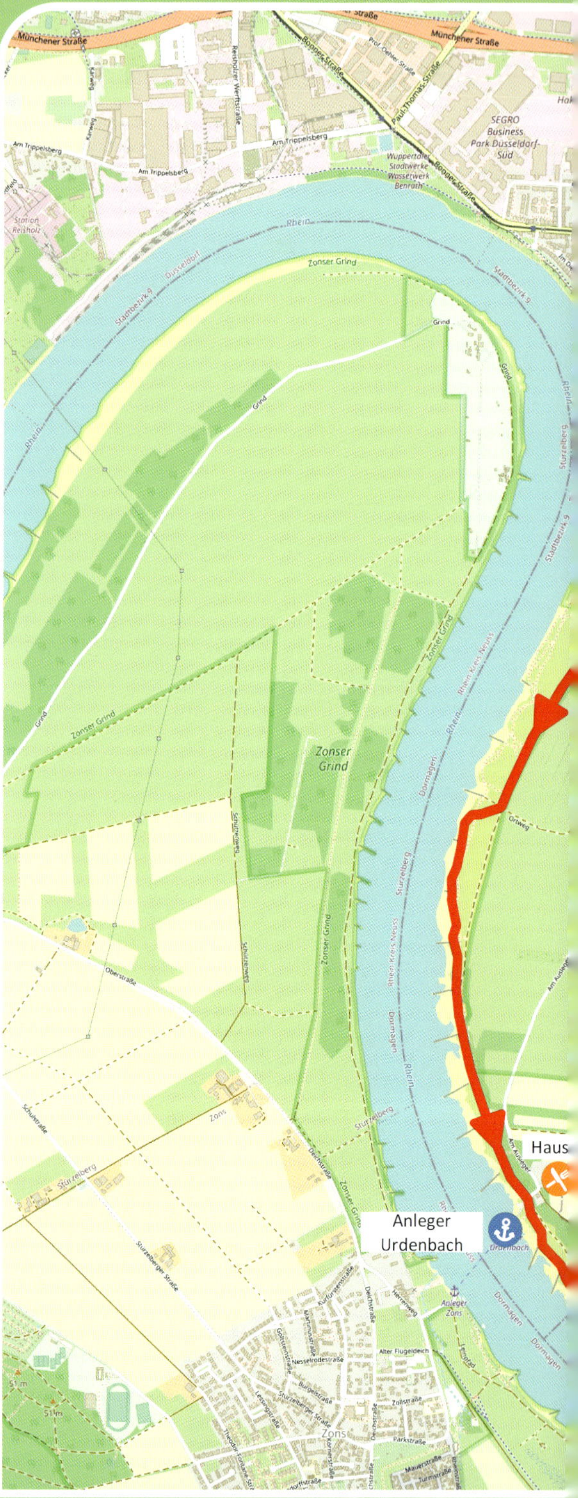

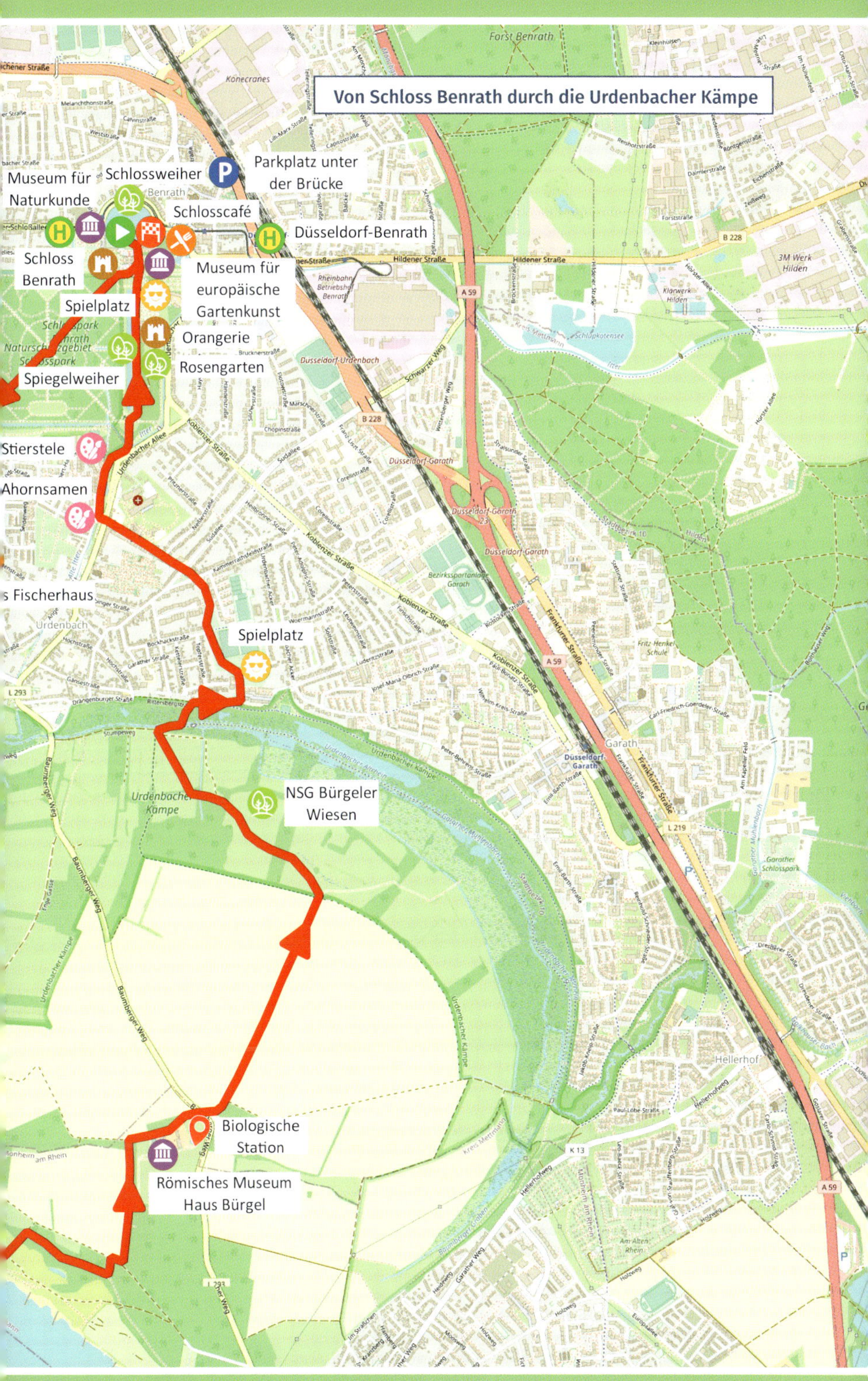
Von Schloss Benrath durch die Urdenbacher Kämpe
Museum für Naturkunde
Schlossweiher
Parkplatz unter der Brücke
Schlosscafé
Düsseldorf-Benrath
Schloss Benrath
Museum für europäische Gartenkunst
Spielplatz
Orangerie
Spiegelweiher
Rosengarten
Stierstele
Ahornsamen
s Fischerhaus
Spielplatz
NSG Bürgeler Wiesen
Biologische Station
Römisches Museum Haus Bürgel

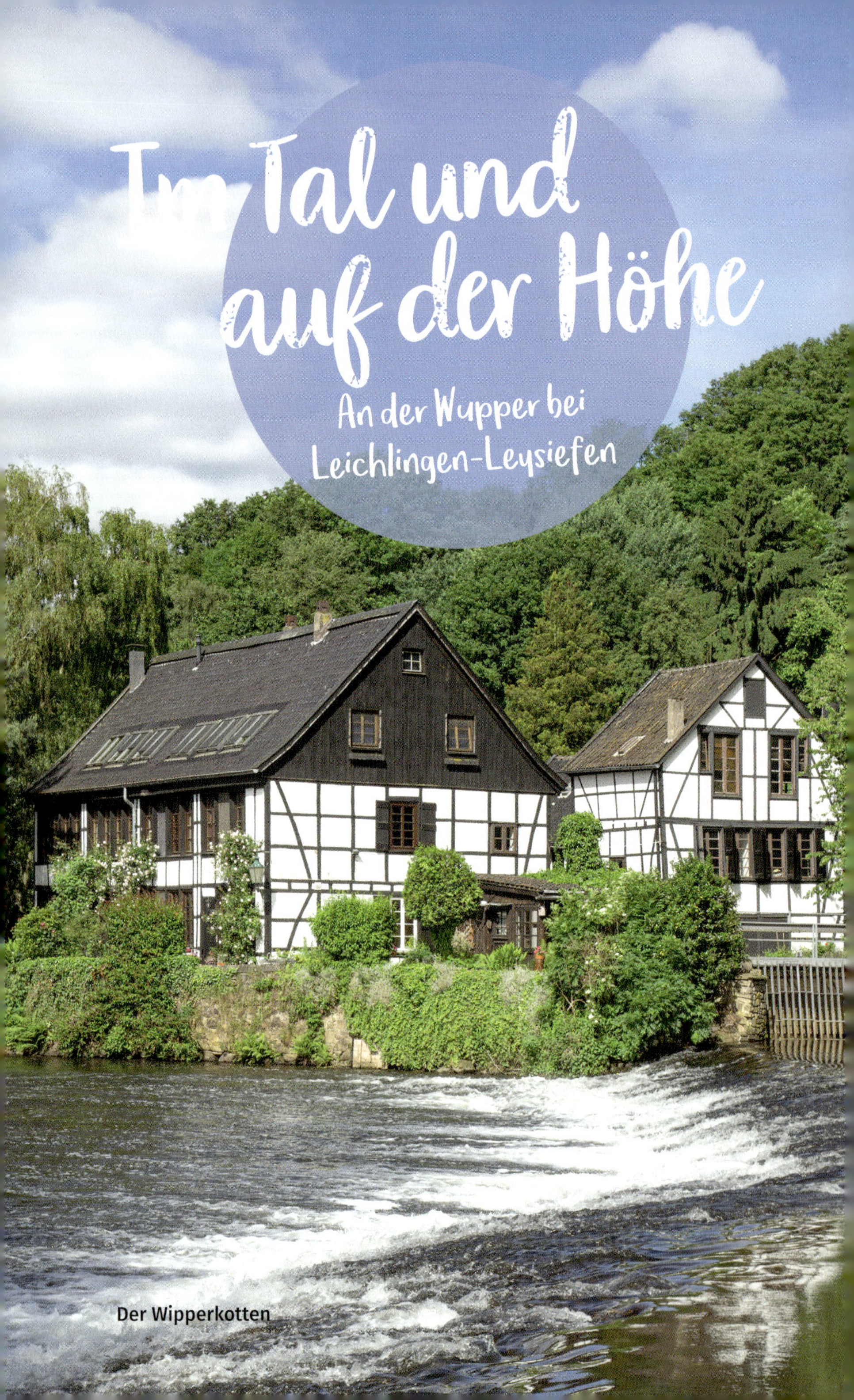

Im Tal und auf der Höhe

An der Wupper bei Leichlingen-Leysiefen

Der Wipperkotten

Wo die Wupper aus den Bergen heraustritt und sich ihren Weg durch die Ebene zum Rhein sucht, dort beginnen wir diese Runde: Beeindruckende Felswände, steile Hänge und grüne Auewiesen am Fluss beeindrucken ebenso wie die Hügel voller Obstbäume. Die Region südlich der Wupper bis zur Dhünn wurde früher als Bergische Obstkammer bezeichnet, die Mönche verpflichteten ihre Pächter zum Pflanzen und Veredeln von Obstbäumen. Teilweise wandern wir auf dem Obstweg, der zahlreiche Informationen bereithält. Unterhalb der fantasieanregenden „Motte Zoppesmur" folgen wir der Wupper bis Unterrüden, und über die Höhen wandern wir zurück zur Schleifmühle „Wipperkotten".

2:30 Std.

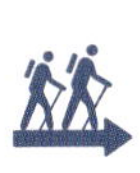
9,5 km

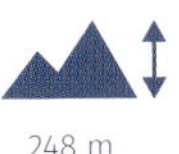
248 m

Start/Ziel: Ecke Nesselrath/Gut Nesselrather Straße, 42799 Leichlingen
Wegbeschaffenheit: Waldpfade, Schotterwege, ein kurzes Stück geht es über eine kleine Straße
Anreise mit ÖPNV: Bushaltestelle Solingen-Haasenmühle

Wegbeschreibung: An der Wupperbrücke nehmen wir die Straße „Gut Nesselrath“ rechts des Flusses. Schon bei erster Gelegenheit biegen wir nach rechts auf die Straße „Altenhof“ ab. Am alten Hof verlassen wir die Asphaltstraße und wenden uns im rechten Winkel wiederum nach rechts. So bleiben wir zunächst am Fuße des Hügels, bis wir in den Querweg nach links einbiegen und am Bach entlang leicht bergauf wandern.
Wir folgen dem Streckenverlauf über den Bach, dort, wo der Weg mit einer Leitplanke gesichert ist. Hier befinden wir uns auf einem mit einer Raute markierten Weg. Diesem Wupperweg bleiben wir auch hinter dem plötzlich recht tief eingeschnittenen Bachtal treu und wählen die asphaltierte Rampe, die von der Kreuzung schräg links bergauf auf ein Haus zuführt.

Am Weg

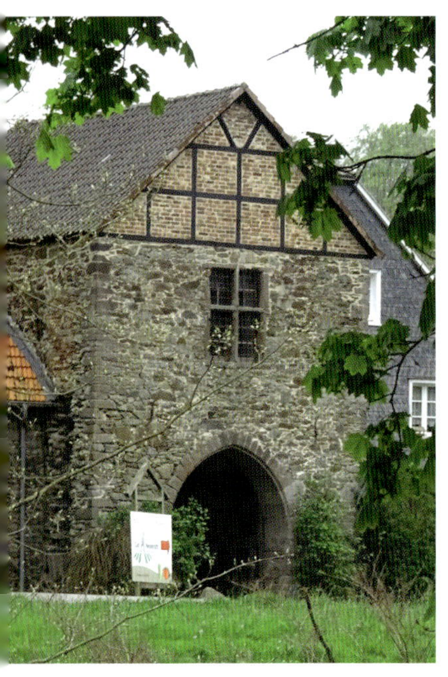

Haus Nesselrath

Das Gut am Ufer der Wupper geht auf eine mittelalterliche Burg zurück, die erstmals 1303 erwähnt wird. Die Wasserburg war damals ein Lehen der Abtei Deutz und wurde von der Familie Nesselrode bewohnt. Zu Beginn des 19. Jahrhunderts bestand die Anlage aus mehreren Wohn- und Stallgebäuden, in der bis zu 50 Menschen lebten. Mitte des Jahrhunderts fiel ein Großteil der zu einem Schloss umgebauten Gebäude aber einem Brand zum Opfer und wurde 1850 abgetragen. Nur der heute noch sichtbare Teil der Vorburg blieb damals erhalten. Dahinter wurde das Gut wiederaufgebaut und dient noch heute als Bauernhof.

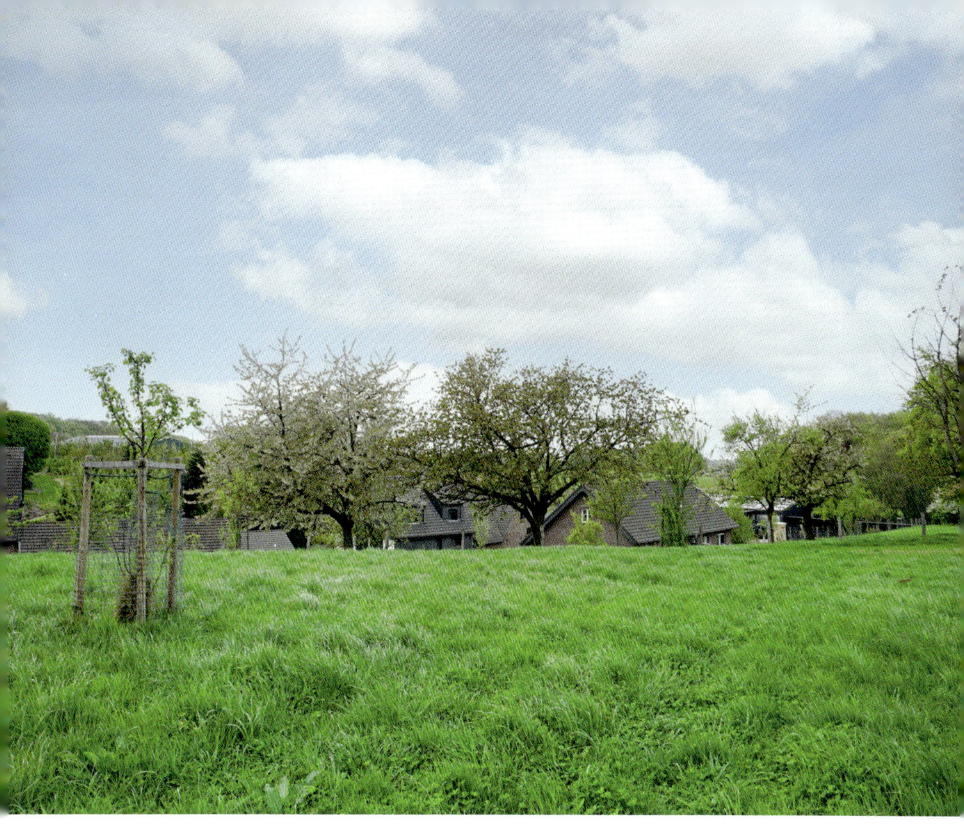

Obstbäume spielen in der Region eine wichtige Rolle.

Dort verlassen wir die Raute wieder und folgen stattdessen dem Obst-Wanderweg nach links die Straße hinauf. Bevor wir uns auf der Höhe auf dem Obstweg nach links wenden, können wir bei klarem Wetter zurück bis weit ins Rheintal blicken.

Bald kommen wir unterhalb eines Bauernhofes aus, wo wir uns nach rechts wenden. „Am Benneter Obstweg" mit der Nummer 4 führt der Wanderweg gut markiert nach links an den Schul- und Kindergartengebäuden vorbei bis zur Straße. Dort zweigen wir nach links ab und gegenüber dem Schulhof nach rechts.

Zwischen schönen Obstgärten wandern wir über die kleine Straße, kürzen die spitze Kurve über den Pfad ab und gehen hinunter nach Leysiefen. Im Dorf wenden wir uns vor dem Fachwerkhaus nach rechts und biegen hinter dem Garten nach links ins Naturschutzgebiet ab. Kurz nachdem wir eine Bank passiert haben, zweigt nach links ein Pfad ab. Jenseits des tief eingeschnittenen Grabens auf

dem Hügel steht die Motte Zoppesmur. Achtung: Wir befinden uns hier in einem Naturschutzgebiet, also darf man die Wege nicht verlassen.
Dem Wanderpfad folgen wir weiter bis ins Tal, wo wir nach rechts abbiegen und die Brücke ignorierend rechts des Flusses dem Wasser entgegen wandern. Die steilen Felsen treten zurück, das Tal der Wupper weitet sich und hinter ein paar Häusern nehmen wir die Brücke auf die andere Seite nach Unterrüden.

Am Weg

Motte Zoppesmur

Oberhalb des Dorfes Leysiefen liegen über einem tiefen Graben auf einem kleinen Hügel die Überreste einer alten Burg. Mauerreste lassen ihre Anlage bis heute erkennen. Wahrscheinlich ist, dass das bergische Rittergeschlecht Zobbe diese Motte errichtete. Als Motte werden auf künstlich angelegten Erdhügeln errichtete Turmburgen bezeichnet; diese hier, die Motte Zoppesmur, ging urkundlich verbrieft im Jahr 1280 an den Grafen von Berg. Dieser besaß auch das nahe gelegene Haus Nesselrath und benötigte die Motte nicht, weswegen sie offenbar schon bald verfiel. Wer sich dem alten Gemäuer nähert, wird sich nicht wundern, dass es allerlei Räubergeschichten gibt über den versteckten Platz im Wald. Oder die Sage vom kecken Junker von Leysiefen, der den Elfen vom Heribertsborn beim Baden die Kleider raubte. Doch statt einen Blick auf die Schönheiten werfen zu können, verlor er zur Strafe das Augenlicht.

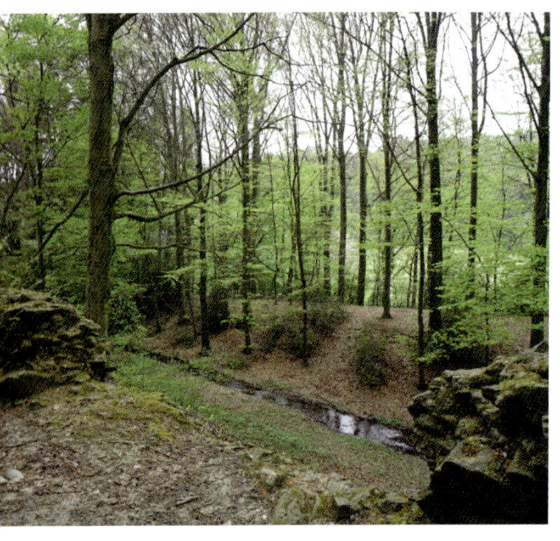

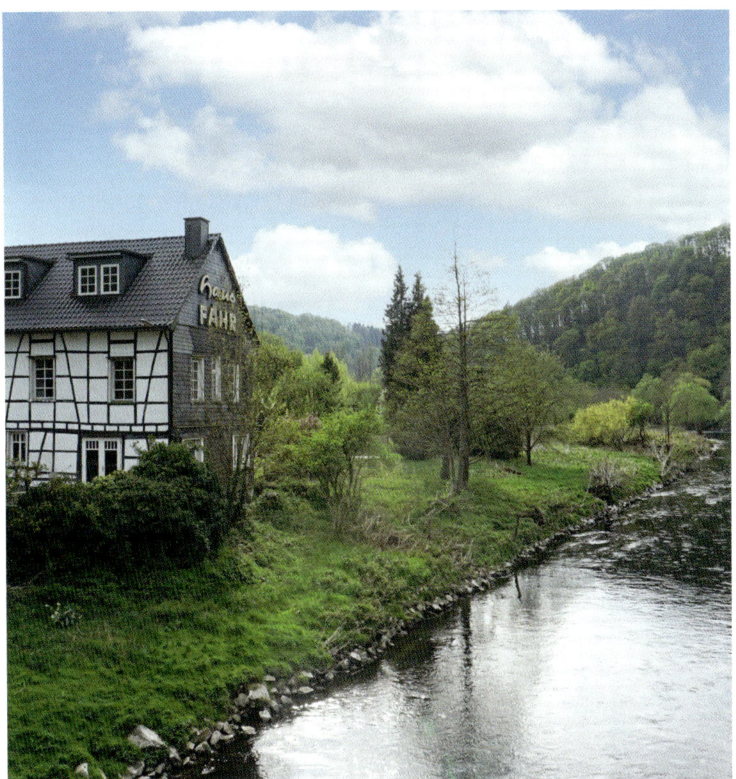

Gegenüber von Rüden liegt Haus Fähr.

Vor dem Gasthaus biegen wir links ab und folgen der kleinen Straße aus dem Dorf heraus nach links. Wo vor uns wieder die ersten Häuser erscheinen, zweigt steil bergauf nach rechts ein Pfad ab, der zum Klingenpfad führt. In diesen schwenken wir nach links ein und überqueren die kleine Straße leicht rechts.
Unterhalb einer steilen Wiese mit zwei einsamen Häusern halten wir uns links. Recht steil und bei Nässe rutschig, aber wunderschön führt der Pfad hinunter ins Tal, wo wir nach rechts weiter gehen.
Wieder wandern wir zwischen schroffen Felsen und Fluss, nun auf der anderen Seite der Wupper. Nachdem wir direkt an den Auen entlanggewandert sind, führt die Straße leicht bergauf. Auf Höhe der Staustufe zweigt von dieser Steigung nach links ein Wanderpfad ab.

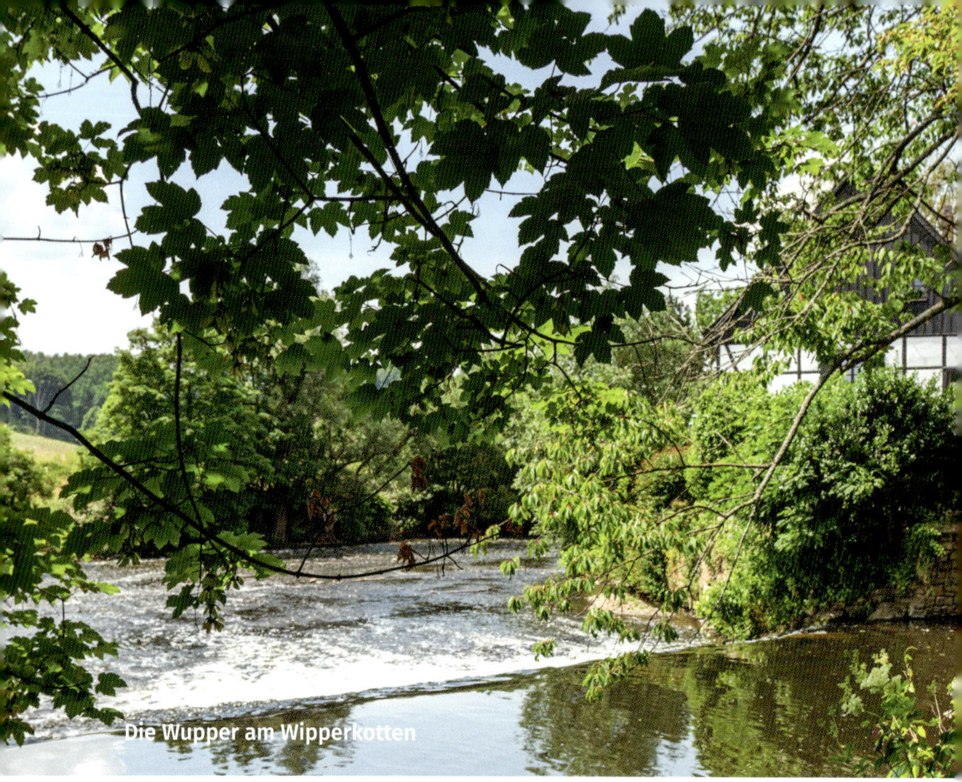
Die Wupper am Wipperkotten

Am Weg

Wipperkotten

Feuer und Wasser: Dieser Schleifkotten, der schon mehr als 400 Jahre alt ist, war schon mehrfach Opfer von Bränden, bevor er 1858 in der heutigen Form erbaut wurde. 2021 wurde er Opfer des Sommerhochwassers, dass auch die Wupper in einen riesigen See verwandelt hat. Deswegen waren bei Drucklegung dieses Buches noch nicht wieder Führungen in dem kleinen Museum im Angebot, die normalerweise möglich sind.
Auf jeden Fall kann man aber die Schleiferei in Anspruch nehmen, und zwar immer freitags. Auch original in der mit Wasserkraft angetriebenen Schleifmühle hergestellte Messer können hier erworben werden. Außerdem gibt es auf Voranmeldung Kaffee und Kuchen sowie die Bergische Kaffeetafel im „Kaffee im Kotten".

Informationen unter: www.wipperkotten.de, www.schleiferei-wipperkotten.de

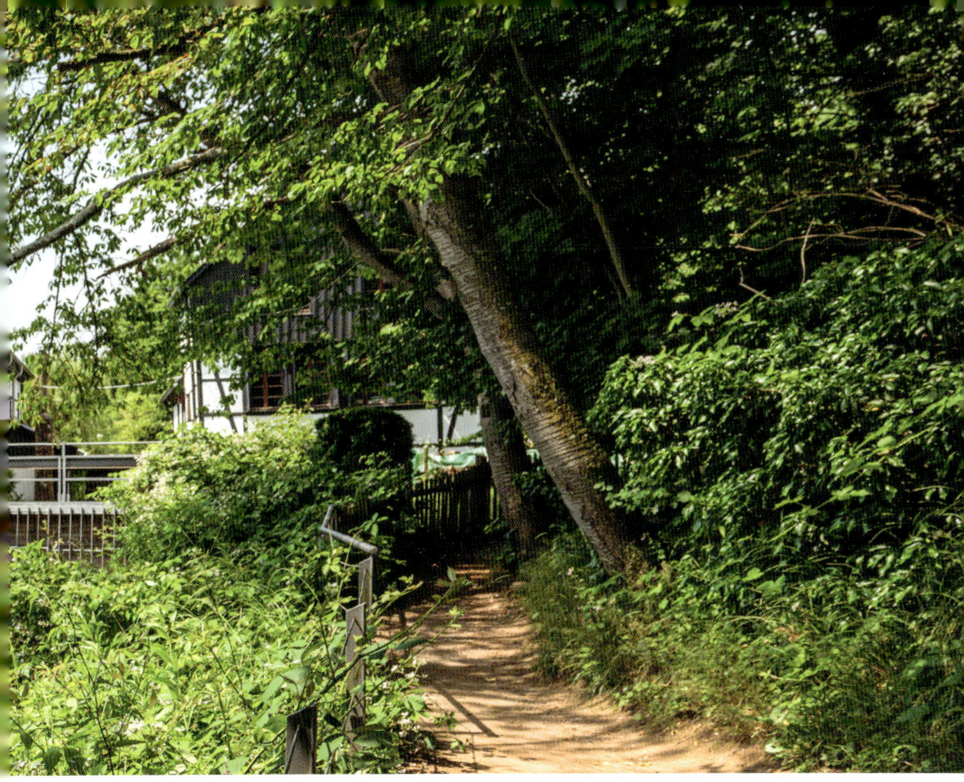

Hinter dem Wipperkotten erreichen wir das vor dem Sommerhochwasser 2021 immer vollbesetzte und hoffentlich bald wiedereröffnete Gasthaus Wipperauen. Ihm gegenüber zweigt der Wanderweg nach rechts ab und führt parallel zur Straße Richtung Wupperbrücke, wo sich diese Runde schließt.

Gastronomie

Haus Rüden, Untenrüden 39, 42657 Solingen, Telefon 0212/818658, www.haus-rueden.eatbu.com/?lang=de#
Haasenmühle, Haasenmühle 1, 42699 Solingen, Telefon 0212/64544007, www.haasenmuehle.de
Wipperaue, Wipperaue 1-3, 42699 Solingen, Telefon 0212/2336270, www.wipperaue.de (war bei Drucklegung wegen des Hochwassers 2021 noch geschlossen)
Kaffee im Kotten, Wipperkotten 1, 42699 Solingen, Telefon 0212/811682, www.wipperkotten.de

Die feindlichen Brüder

Die Motte Zoppesmur oder Burg Leysiefen war einmal eine Turmhügelburg, die am linken Ufer der Wupper in die Höhe ragte. Die bergischen Ritter aus dem Geschlecht der Zobbe sollen hier gelebt haben, später haben sie sich in de Leysiefen umbenannt. Graf Adolf von Berg kam in den Besitz der Wallburg, und das war dann scheinbar auch ihr Ende. Denn dieser wohnte im nahen Haus Nesselrath und ließ die Burg einfach verfallen. Die Legenden erzählen von Räuberbanden, die hier gelebt haben sollen, von vergrabenen Schätzen und Geistern. Wir erzählen die Geschichte der Räuber Zopp und Rindfleisch in unseren Worten nach.

Zu einer Zeit, als es noch Raubritter gab, war es nicht immer ganz sicher, wenn man sich auf Reisen begab. Hin und wieder wartete hinter einem Baum ein Räuber – und schon war aller Schatz gestohlen. So war es zu der Zeit, als die Motte Zoppesmur noch eine stolze Burg war und ein Herr zu Berge über die Region herrschte. Sein Bruder war Erzbischof in Köln, so waren beide auf ihre Art einflussreiche Männer. Aber obwohl jeder von ihnen sein Amt hatte, waren sie aufeinander und auf ihre jeweilige Macht eifersüchtig. Also versuchte der Bischof die Heirat seines Bruders zu vereiteln, da er nicht wollte, dass dieser auch noch Nachkommen in die Welt setzte. Leider ging sein Versuch schief, die Hochzeit fand statt, und so lockte er alsbald seinen Bruder nach Köln, um ihm die Manneskraft zu nehmen. Da diese Tat zwar äußerst schmerzhaft, aber nicht tödlich war, kehrte der Bruder wutentbrannt zu seinem Schloss zurück und sann auf Rache. Zu jener Zeit waren zwei ganz besonders schlaue Räuber unterwegs, nämlich der Zopp und sein Geselle Rindfleisch. Diese beiden waren schon einige Male knapp dem Galgen entgangen, und so willigten sie sofort ein, zu helfen, als der Herr von Berg sie bat, seinen Bruder zu fangen und zu ihm zu bringen. Er war von seiner Rache so

besessen, dass er den beiden Räubern alles versprach: einen beträchtlichen Geldbetrag und ewige Begnadigung, sollte ihnen das Meisterstück gelingen, den Bischof ungesehen zu ihm zu bringen. Als Zopp und Rindfleisch in Köln ankamen, machten sie sich den Bischof zum Freund, sie lullten ihn ein und sprachen zu ihm von all seinen guten Eigenschaften und dass er der beste und schönste Geistliche der ganzen Region sei. Geblendet von den vielen Komplimenten und besessen von seiner Macht und seinem Einfluss, ließ sich der Bischof ohne Geleit seiner Wachen von den Räubern an den Rhein begleiten. Sobald sie in den dichten Auenwäldern ankamen, stießen die beiden den überrumpelten Mann in eine kleine Barke, fesselten ihn und brachten ihn über die Wupper auf schnellstem Wege zur Motte Zoppesmur.
Dort angekommen, landete der Geistliche im Kerker und der Schlossherr war vollauf zufrieden. Doch er hatte die Rechnung ohne die beiden Räuber gemacht: Als er zu seinem Bruder in den Kerker ging, um endlich Rache zu nehmen, verriegelten sie die Tür und sperrten die beiden Brüder gemeinsam in den Kerker – und da diese so voller Hass aufeinander waren, gingen sie sofort aufeinander los und schlugen sich die Köpfe ein.
Die beiden Räuber aber lachten, raubten alle Schätze und verschwanden so schnell von der Burg, dass niemand etwas merkte. Erst Stunden später fand die Schlossherrin ihren Gatten und Schwager im Kerker, beide hatten dort ihr Leben gelassen.
Man könnte nicht sagen, dass sie besonders traurig war, denn er war ihr kein liebevoller Ehemann gewesen – doch unter ihrem Herzen trug sie sein Kind, denn der Bischof hatte ihren Gatten nicht schnell genug entmannt. Und so lebte der Geist der beiden Brüder in der Blutslinie des Buben weiter. Aber in einer ganz anderen Weise: Denn der Junge, der dort in der Burg heranwuchs, war ein liebliches Kind. Er hatte ein gutes Herz, und so wurde die Region in den nächsten Jahrzehnten mit gerechter und weiser Hand geführt.

Tour 4

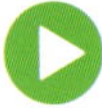 Startpunkt

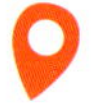 Zwischenziele

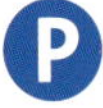 Parkplatz

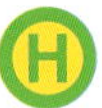 Haltestelle

 Zielpunkt

 Gastronomie

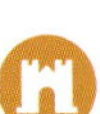 Sehenswürdigkeit

 Kulturstätte

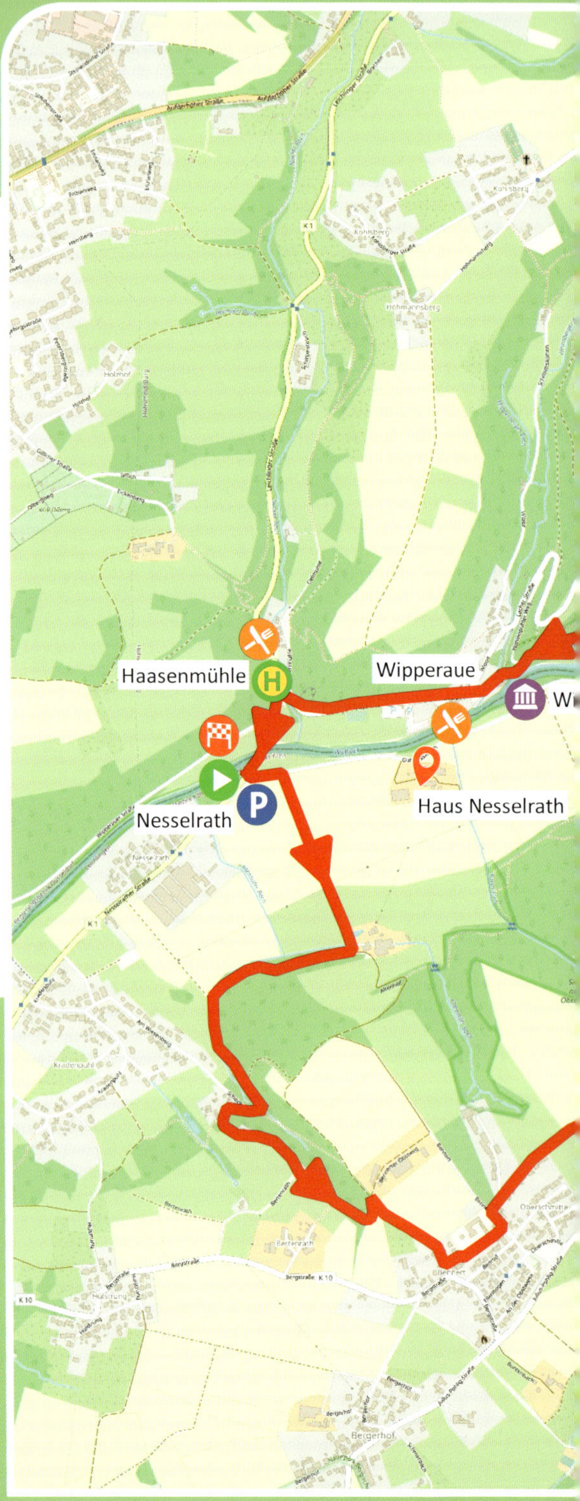

Haasenmühle

Wipperaue

Haus Nesselrath

Nesselrath

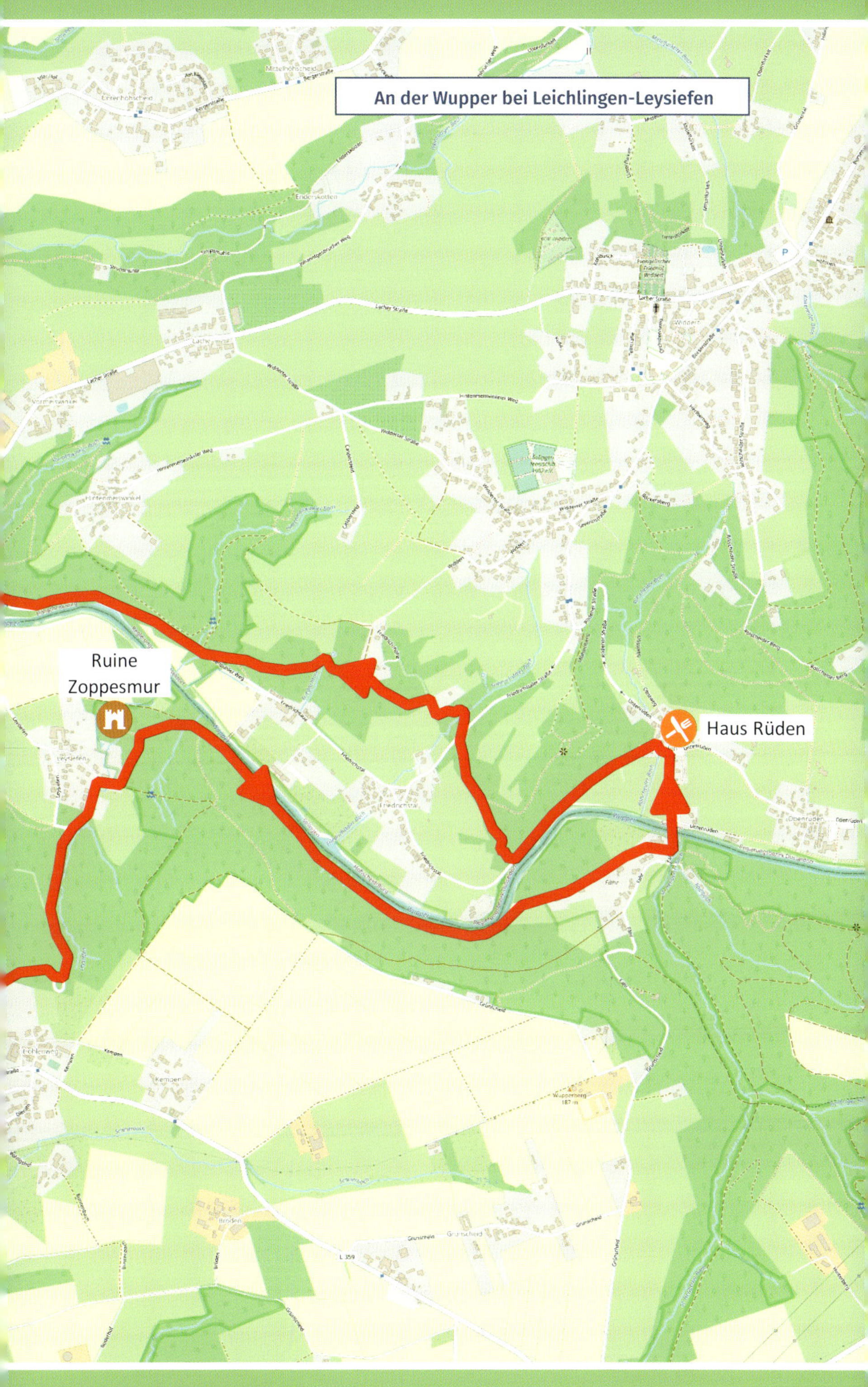
An der Wupper bei Leichlingen-Leysiefen
Ruine Zoppesmur
Haus Rüden

Viva Colonia

Köln: Geschichte auf Schritt und Tritt

Der Kölner Dom

Mehr Abwechslung geht nicht: Von den Römern über die Preußen bis zum Herkulesberg, der aus Weltkriegstrümmern besteht, von den zahlreichen Kirchen bis zum Mediapark, vom Zoo bis zum Skaterpark, von Heinzelmännchen und Jungfrauen – und über allem und allgegenwärtig der Dom. Köln ist laut, Köln ist voll, Köln ist voller Geschichten und Sagen und voller Stolz auf sich und seine Menschen. Dazu ist Köln auch noch die „Stadt am Rhing" ... wieso also nicht am Rhein entlang und durch die Grünflächen zurück dieser Route folgen? Danach kennen Sie die Stadt wieder ein bisschen besser, ganz sicher.

Tour 5

3:30 Std.

13,5 km

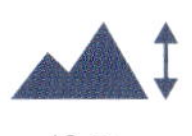
42 m

Start/Ziel: Am Hauptportal des Doms
Wegbeschaffenheit: für Stadtverhältnisse wenig Asphalt, viele Parkwege
Anreise mit ÖPNV: Hauptbahnhof, Busbahnhof und U-Bahn

Wegbeschreibung: Die Tour startet vor dem Hauptportal des Kölner Doms. Wir gehen an der rechten Seite der Kirche und am Römisch-Germanischen Museum vorbei. Das Museum Ludwig liegt rechts von uns, bevor wir über den Heinrich-Böll-Platz die Eisenbahnbrücke mit ihren unzähligen „Liebes-Schlössern" erreichen. Am Ende der Hohenzollernbrücke steigen wir rechts die Treppen hinunter und biegen nach rechts auf die Rheinpromenade „Kennedy Ufer" ein, so dass wir die Brücke unterqueren.

Nun spazieren wir für eine Weile auf dem geschotterten Weg und gehen am Ende des RTL-Gebäudes nach links hinunter und durch die Unterführung unter den Rheinterrassen. Wir bleiben immer am Fluss, kommen am Tanzbrunnen und dem Beachclub vorbei. Immer wieder gibt es Möglichkeiten, ans Ufer des Rheins zu gelangen und den Blick zurück zum Dom zu genießen. Rechts von uns befindet sich der Rheinpark mit viel Grün und einem Kinderspielplatz mit außergewöhnlichen Spielgeräten.

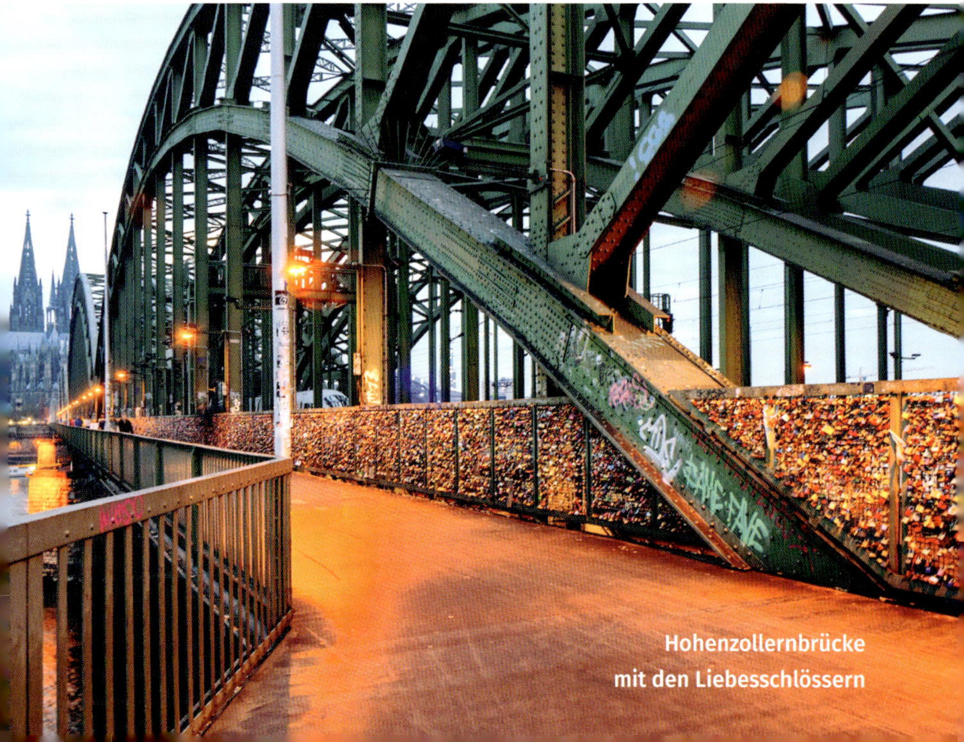

Hohenzollernbrücke mit den Liebesschlössern

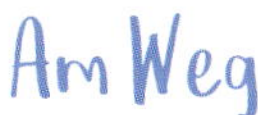

Der legendäre Dombau zu Köln

Die erste Kirche an dieser Stelle stammt aus dem 8. Jahrhundert, im 12 Jahrhundert kam der Schrein der Heiligen Drei Könige nach Köln – ein Ausdruck der Macht innerhalb Europas. 1248 sollte also ein gotischer Neubau entstehen, der alles Dagewesene in den Schatten stellen, alle anderen Kirchen übertreffen und an die baulichen und technischen Grenzen der damaligen Zeit reichen sollte. 1320 war schließlich der Bau des Binnenchors beendet, und der Schrein der drei Weisen wurde feierlich aufgestellt.

Die Fundamentarbeiten am Südturm standen 1360 vor dem Abschluss. Mitte des 15. Jahrhunderts hatte dieser eine Höhe von 56 Metern erreicht, wurde allerdings nicht fertiggestellt.

Vielleicht hat sich der verzweifelte Baumeister aus der Dombau-Legende von diesem Turm gestürzt, als er das Wasser nahen sah. Der Teufel hatte mit ihm gewettet, dass er eine Wasserleitung von der Eifel nach Köln bauen würde, bevor der Dom vollendet wäre. Und als es so schien, dass er gewinnen könnte und somit das Gotteshaus sein Eigen nennen, wählte der Baumeister den Freitod: Der Handel war zunichte und der Dom gerettet.

Statt am Südturm baute man lieber am nördlichen Querhaus, dem Nordturm und den Seitenschiffen weiter, bevor es 1520 zum kompletten Baustopp kam. Mehr als 300 Jahre ruhten die Arbeiten an der gewaltigen Kirche, einer Bauruine mit provisorischen Dächern und unvollendeten Türmen.

Erst nach der Wiederbegründung des Erzbistums Köln im Jahre 1821 begann man mit der Fertigstellung der Türme. Dies brauchte nochmals 20 Jahre und die moderne Technik der Industrialisierung. 1880 war es dann nach 600 Jahren endlich so weit: Der Kölner Dom wurde nach den ursprünglichen Plänen fertiggestellt. Und war damals mit seinen 157 Meter hohen Türmen das höchste Bauwerk der Welt.

Das Glück währte nicht lange: Der Zweite Weltkrieg und die vielen Bombardierungen setzten dem Gebäude zu – doch es fiel nicht. Schon im Jahr 1948, zur 700-Jahr-Feier der Grundsteinlegung, war das Gotteshaus wieder auf dem Weg der Besserung. Aber irgendwo wird immer noch an ihm gebaut, wirklich vollendet wird er wohl niemals sein. Und vielleicht ist gerade das der Reiz dieses monumentalen Doms.

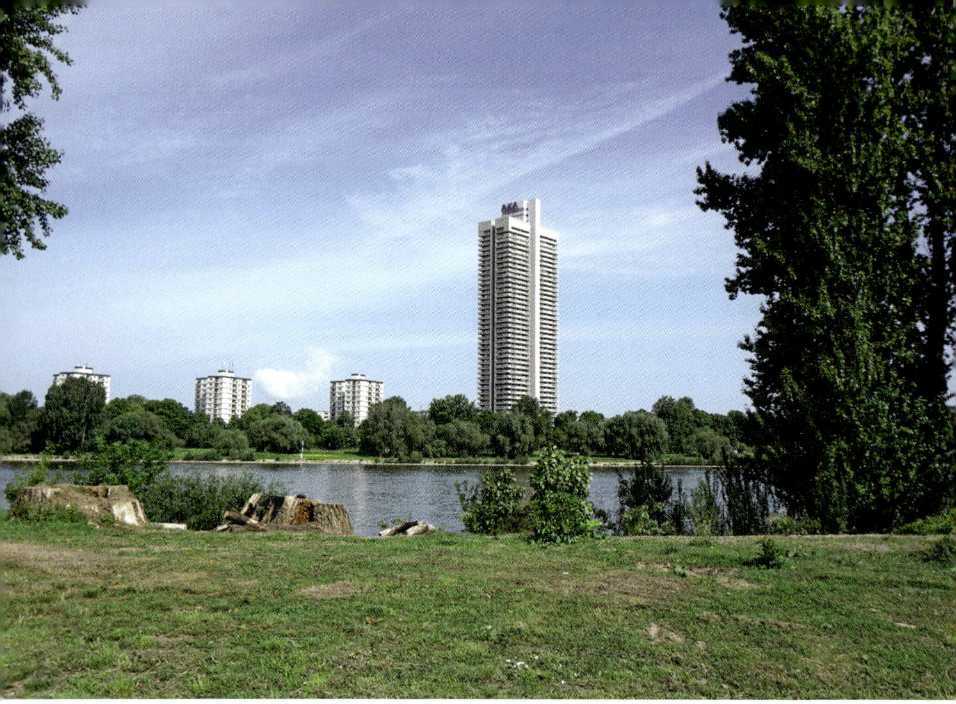

Stadt – Land – Fluss

Die breite Promenade bringt uns zur Zoobrücke – schon von Ferne kann man die Gondeln der Seilbahn erkennen. An der Brücke angekommen halten wir uns links – sofern es der Wasserstand erlaubt: Bei Hochwasser muss man nach rechts auf den Rad- und Fußweg hinaufgehen, der auf dem Damm des Mülheimer Hafens verläuft. Wir bleiben also am Fluss und gehen bis fast zur Spitze der Mülheimer Insel weiter. Die Auenwiese verlassen wir erst dort, wo eine Treppe rechts hochführt. Über die Katzenbuckelbrücke überqueren wir den Hafenkanal und wenden uns nach links, um der Rheinpromenade weiter zu folgen.
Hinter dem Wohnkomplex gehen wir an einem kleinen Spielplatz nach rechts die Treppe hinauf und biegen nach links auf den Gehweg ein. Wir überqueren die Straße, halten auf die Mülheimer Brücke zu, gehen unter ihr durch und danach die Treppe rechts hinauf.

Variante: Wer an der ehemaligen Schifferkirche St. Clemens vorbeigehen möchte, geht geradeaus am Rhein weiter, nach der Kirche rechts und dann zurück zum Aufgang zur Mülheimer Brücke.

Wir überqueren den Rhein erneut. Am Ende der Brücke führt eine Treppe rechts hinunter, wo wir links stadtwärts in den Fuß- und Fahrradweg einbiegen. Zunächst folgen wir dem alleeähnlichen Weg und gehen erst auf Höhe der Jugendherberge über eine Treppe wieder hinunter zum Rheinufer. Die Aussicht reicht über die Zoobrücke mit den Gondeln hinweg bis zum Dom. Dort, wo der Pfad in eine gepflasterte Straße übergeht, halten wir uns links auf der Promenade, unterqueren die Brücke und wenden uns vor dem Schild Rheinkilometer 690 über die Treppe nach rechts hinauf und verlassen den Rhein.
Am Fußgängerübergang überqueren wir die Straße betreten den Skulpturenpark Köln. Sollte der Park geschlossen sein, geht man links weiter bis zur Elsa-Brandström-Straße und diese dann nach rechts hinunter bis zur Riehler Straße.
Täglich geöffnet von April bis September von 10.30 bis 19.00 Uhr und von Oktober bis März 10.30 bis 17.00 Uhr. Weitere Informationen unter: www.skulpturenparkkoeln.de

Wir verlassen den Skulpturenpark auf der gegenüberliegenden Seite und biegen links ab in die Riehler Straße. Nachdem wir zunächst die Elsa-Brandström-Straße überquert haben, wechseln wir auf die andere Seite der Riehler Straße. Dort halten wir uns links auf dem Neusser Wall und hinter dem Parkplatz rechts. Der alleeartige Kiesweg führt vorbei am Weinmuseum, das an den Weinreben auf dem Dach zu erkennen ist. Bei nächster Gelegenheit biegen wir links in den Lentpark ab. Rechts von uns befindet sich jetzt ein Naturbadeteich und die Eishalle mit einem Kiosk. Wir überqueren die Lentstraße, halten uns leicht links und erreichen das Fort X, einen Rest des ehemaligen preußischen Festungsrings. Rund um das Fort gibt es mehrere Kinderspielplätze und einen Rosengarten. Wir passieren den versperrten Haupteingang und die alten Mauern. Danach geht es auf dem gepflasterten Weg weiter, bevor wir rechts auf den breiten Waldweg einbiegen. Wo dieser auf die Kreuzung trifft, überqueren wir zunächst nach links die schmalere Niehler Straße, um dann über die große zweispurige Innere Kanalstraße wieder in einen Park zu gelangen.

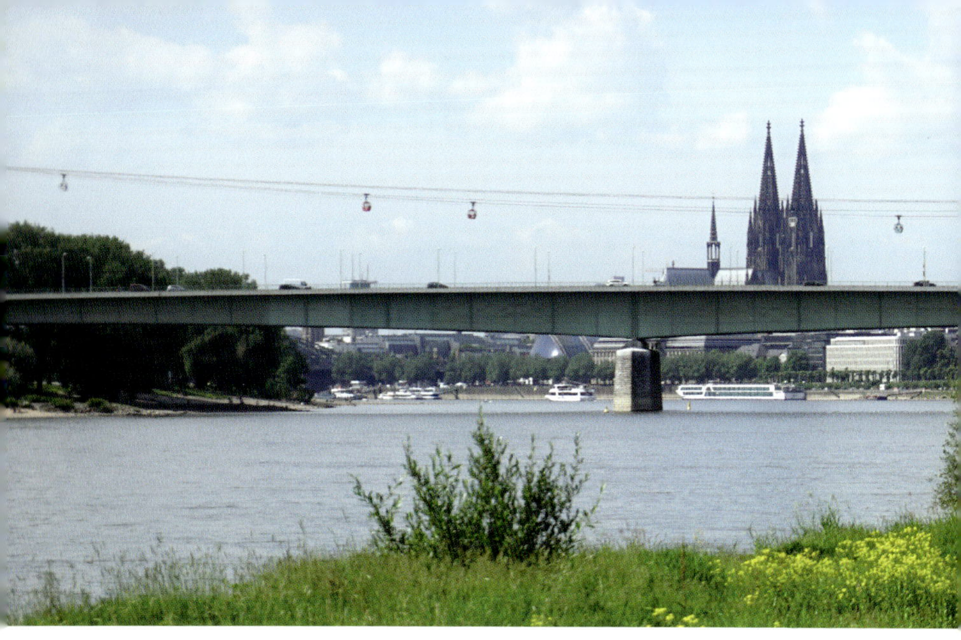

Dort führt uns ein Pfad geradeaus an einem Kinderspielplatz vorbei, dann biegen wir nach links ab und gehen unter der Straße hindurch. Dahinter nehmen wir an der Gabelung den linken Weg hinauf, rechts befindet sich nun ein Skaterpark. Überhaupt bietet der Lohsepark, unzählige Attraktionen: egal ob Fußball, Basketball, Fitnessparcours oder Tischtennis. Unsere Route führt uns links parallel zur Inneren Kanalstraße auf dem Alleeweg. Wir gehen geradeaus auf dem Inneren Grüngürtel, überqueren die zweispurige Straße und folgen dem Pfad bis zu einem Fußballplatz. An dessen Ende kommt ein Weg von rechts, und wir schwenken nach links in Richtung Straße ein.
An der nächsten Abzweigung halten wir uns rechts, überqueren die Straße und wandern geradeaus in die Unterführung. Um dem Lärm zu entkommen, gehen wir bei der nächsten Gelegenheit rechts auf einen schmalen Pfad in die Grünfläche. Er bringt uns zurück auf den Radweg neben der Inneren Kanalstraße. Diesem folgen wir bis zur Gabelung, wo wir die mehrspurige Straße nach links überqueren und einmünden in einen Fußweg durchs Grüne Richtung Köln Zentrum und Mediapark. Wo sich der Weg teilt, gehen wir nach links hinauf und erreichen einen Aussichtspunkt am Herkulesberg. Wir gehen nach rechts weiter, immer an der Hangkante entlang mit Ausblicken hinunter auf die Stadt – traurige Wahrheit: Der 72 Meter

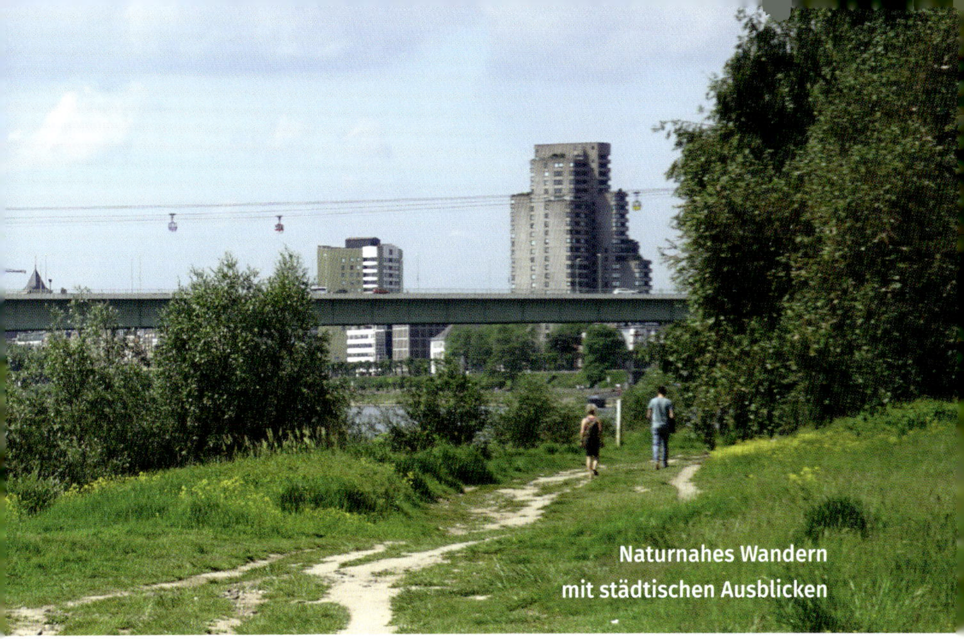

Naturnahes Wandern
mit städtischen Ausblicken

Am Weg

Preußische Befestigung – Fort X

Nach der Befreiung Kölns 1814 fielen die Gebiete dem Königreich Preußen zu. Laut königlichem Erlass mussten linksrheinisch elf Festungen gebaut werden. Da die Preußen immer schon sparsam waren, wurden allerdings nur fünf davon gebaut, darunter das Fort X. 1825 war es fertiggestellt und 1919 sollte es nach Unterzeichnung des Friedensvertrages von Versailles schon wieder gesprengt werden. Da es allerdings seit 1912 als Wohnhaus diente und keinen militärischen Nutzen mehr hatte, wurde dem Antrag auf Erhalt stattgegeben, und die Festung durfte bleiben. Heute ist sie Teil eines Parks mit vielen Attraktionen, unter anderem dem symmetrisch angelegten Rosengarten aus dem Jahr 1921.

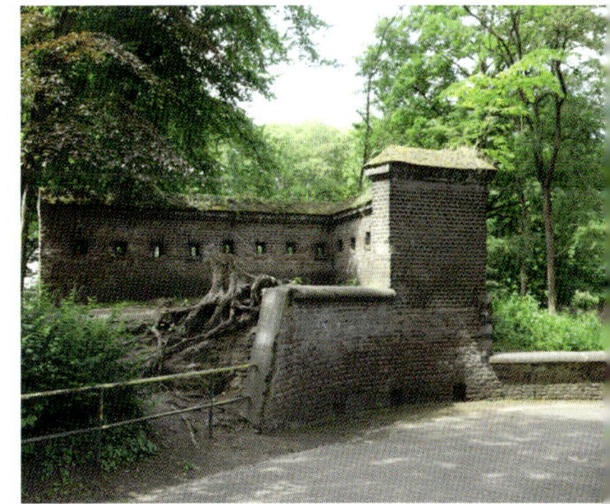

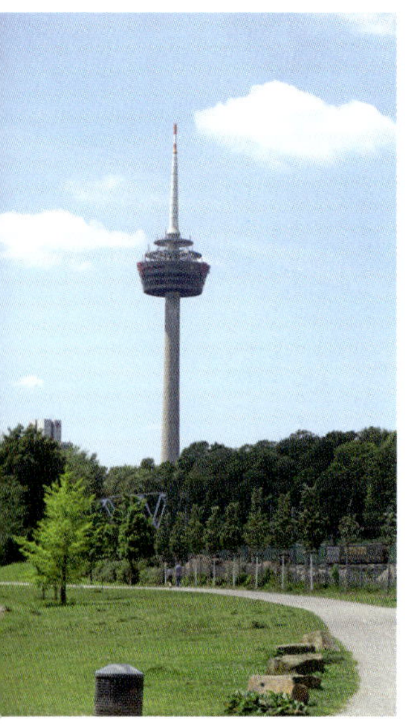

Der Kölner Fernsehturm

hohe Berg ist aus den Trümmern des Zweiten Weltkriegs aufgeschüttet.

An der Gabelung wählen wir den mittleren Weg geradeaus und biegen bei nächster Gelegenheit nach links ab über die „Brücke zum Herkulesberg" und überqueren die Gleise. Dahinter halten wir uns links, folgen dem Schild zum Mediapark, gehen links und bleiben oberhalb der Gleise. Um die Gebäude des Mediaparks und der Hochschule Fresenius herum gelangen wir auf einen kreisrunden Platz, wo wir uns links halten, die Maybachstraße überqueren und geradeaus in die Bremer Straße gehen. Jenseits des Hansarings gehen wir geradeaus in die Adolf-Fischer-Straße. Rechts von uns steht ein Teil der mittelalterlichen Stadtmauer.

In der Linkskurve führt nach rechts ein Fußweg weiter, von dem wir nach links abbiegen, um oberhalb des Skaterplatzes durch den Klingelpütz-Park zu spazieren. Von hier aus sieht man schon die Turmspitzen des Doms. Wir gehen links an einem Spielplatz vorbei, biegen dann rechts ab und gehen jenseits der Straße Klingelpütz in die Cordulastraße. Links in die Eintrachtstraße und rechts in „Ursulakloster" abgebogen, erreichen wir die Ursula-Kirche mit dem Reliquienschrein der berühmten Heiligen.

Hinter der Kirche biegen wir links ab und folgen dem Schild in Richtung Dom. Die Ursulastraße geht in einer Rechtskurve in die Marzellenstraße über. Hinter dem Sitz des Erzbistums und der Kirche Mariä Himmelfahrt behalten wir am Kreisverkehr die Richtung bei und befinden uns an der nächsten Kreuzung wieder unterhalb des Doms.

Gastronomie

Diverse am Kennedy Ufer (nur im Sommer)

Diverse am Dom

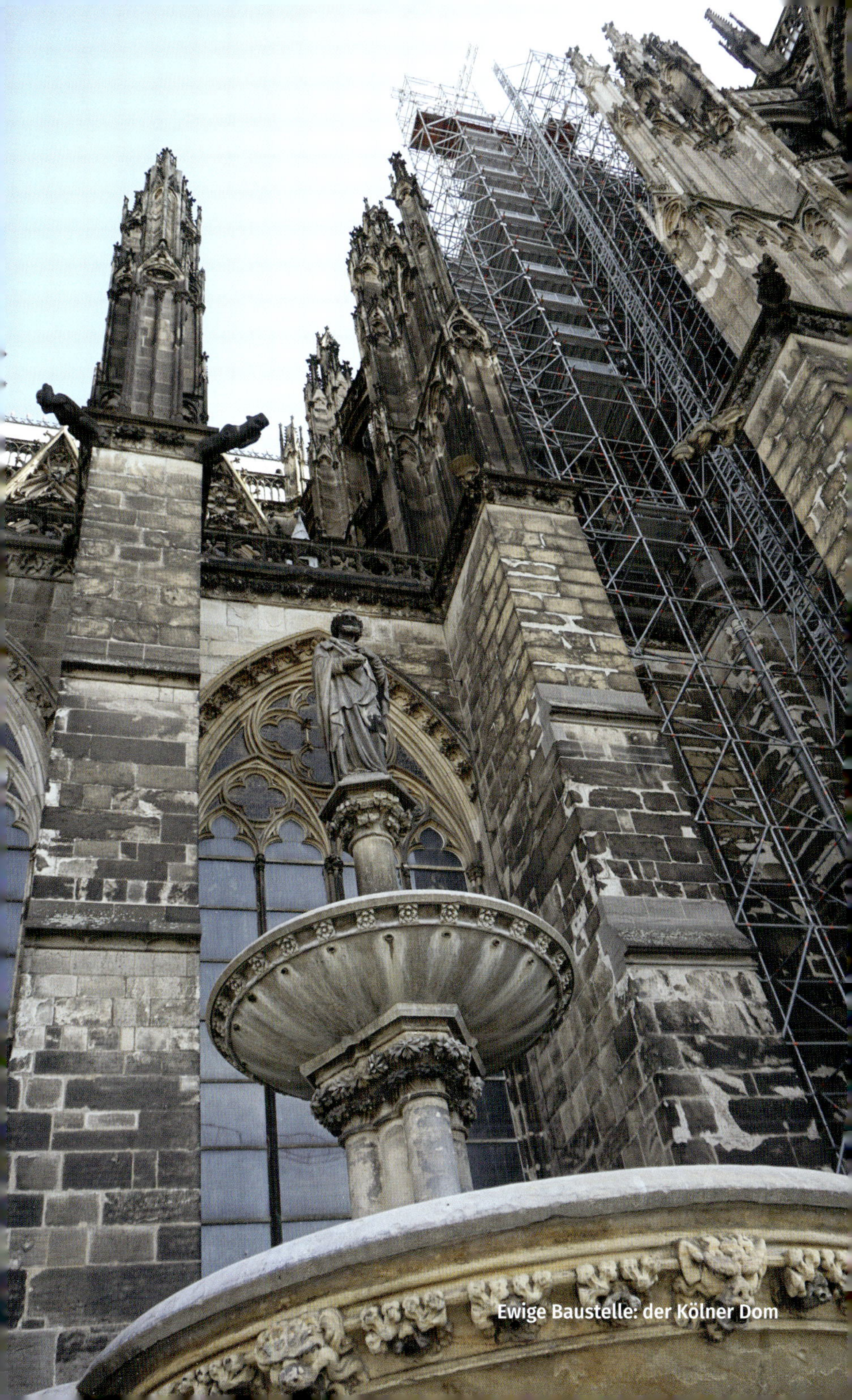
Ewige Baustelle: der Kölner Dom

Das letzte Heinzelmännchen von Köln

Zahlreiche Sagen ranken sich auch um die Kölner Heinzelmännchen, die lange Zeit beste Freunde der Kölnerinnen und Kölner waren, bis sie auf Grund eines geplanten Streichs die Stadt wütend verlassen haben. Wusstet ihr denn, wie diese Geschichte weiterging?

Nicht die schöne Lage Kölns am Rhein, nein, die Schönheit des Doms lockte die Heinzelmännchen scharenweise dorthin. Und es waren so viele, dass fast in jedem Haus eines oder sogar mehrere dieser winzigen Männlein und Weiblein arbeiteten. Sie taten es nicht etwa, weil sie gezwungen wurden – sie mochten die Menschen und wohnten gerne in ihren Wohnungen.

Und so wuschen und putzen, nähten, hämmerten und bastelten sie jede Nacht. Die Kölnerinnen und Kölner legten sich in ihre Betten, und die Zwerglein taten ihre Arbeit. Am Morgen erwachten die Leute aus ihrem Schlaf, und der Großteil des Tagewerks war schon getan. Da lachten sie und freuten sich, und die Heinzelmännchen freuten sich mit ihnen. So sehr, dass alle von der vielen Freude rote Nasen hatten.

Zu dieser Zeit gab es einen bekannten Schuster. Er war sehr angetan vom nächtlichen Werk der Heinzelmännchen, doch es ärgerte ihn, dass er seine kleinen Helfer nie zu Gesicht bekam. Also stiftete er seine Frau an, die kleinen Wesen sichtbar zu machen. Und wirklich: Am nächsten Tag präsentierte sie ihm die Lösung: „Ich werde Erbsen auf die Treppenstufen streuen, und wenn sie hinunter in deine Werkstatt gehen, dann werden sie ausrutschen. Vielleicht macht sie das sichtbar." „Genauso machen wir es", lachte der Schuster, und so lagen in dieser Nacht auf der Treppe viele kleine getrocknete Erbsen.

Als die Heinzelmännchen kamen, rutschten sie aus und fielen hinunter in die Werkstatt – und tatsächlich: In diesem Moment wurden sie sichtbar. Der Schuster und seine Gattin, die sich hinter dem Vorhang versteckt hatte, bestaunten die kleinen Wichte von allen Seiten. Sie versuchten sogar, eines zu berühren. Da waren die Zwerglein so außer sich, dass sie vollkommen entrüstet die Werkstatt verließen.

Schon in wenigen Tagen hatte sich die Kunde von dem undankbaren Ehepaar verbreitet, und alle Wichte schnürten ihre kleinen Bündel und verließen Köln.
Es begab sich, dass mich meine Reise genau zu dieser Zeit dorthin führte. Ich wollte den Dom, die feierlustigen Kölner und vor allem die Heinzelmännchen treffen. So ging ich also zur Karnevalszeit und drehte meine Runden, und als ich keine Lust mehr hatte, richtete ich meine Frage an einen Verkleideten: „Sag, guter Mann, wo sind denn die berühmten Wichtel von Köln?“ „Die sind allesamt verschwunden, fast über Nacht mussten wir wieder alle Arbeit allein machen“, seufzte dieser betrübt.
Da ging ich etwas enttäuscht zurück zum Dom – den wollte ich auf jeden Fall noch besuchen. In so einer gewaltigen Kirche war ich wahrlich noch nie zuvor gewesen. Schnurstracks lief ich zum Grab der Heiligen Drei Könige. Auf einmal vernahm ich ein leises Kratzen und Scharren, wie das einer Maus. Ich beugte mich hinunter und sah ein kleines Männchen, das den Boden fegte.
Ich war so erstaunt, dass es mich auf den Hosenboden setzte und den erschrockenen Wichtel ebenfalls. „Warum kannst du mich sehen?“ rief er. Plötzlich schüttelte er sich vor Lachen und sein Lachen war so ansteckend, dass ich mit einfiel. „Warum bist du noch hier?“ entkam es mir. „Ich konnte doch die Heiligen Drei Könige nicht allein lassen“, wisperte das Heinzelmännchen: „Ich brachte es nicht übers Herz wegzugehen.“ „Möchtest du vielleicht mit mir kommen?“ fragte ich spontan. „Ich bin auch allein auf dieser Welt und Hilfe könnte ich gut gebrauchen!“
Da bekam das Wichtelmännchen vor lauter Freude eine rote Nase, und gemeinsam kehrten wir in meine Heimatstadt zurück.
Schnell lernte es von mir die Schneiderei. Die Kleider, sag ich euch, die wir nähten waren wahrlich für Könige gemacht. Und von da an fehlte es uns beiden an nichts mehr.
Wir waren glücklich und zufrieden und nie mehr einsam.

Tour 5

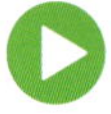 Startpunkt

 Zwischenziele

 Parkplatz

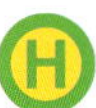 Haltestelle

 Zielpunkt

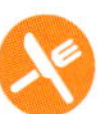 Gastronomie

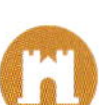 Sehenswürdigkeit

 Kulturstätte

 Naturerlebnis

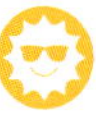 Freizeitspaß

 Aussichtspunkt

 Übernachtung

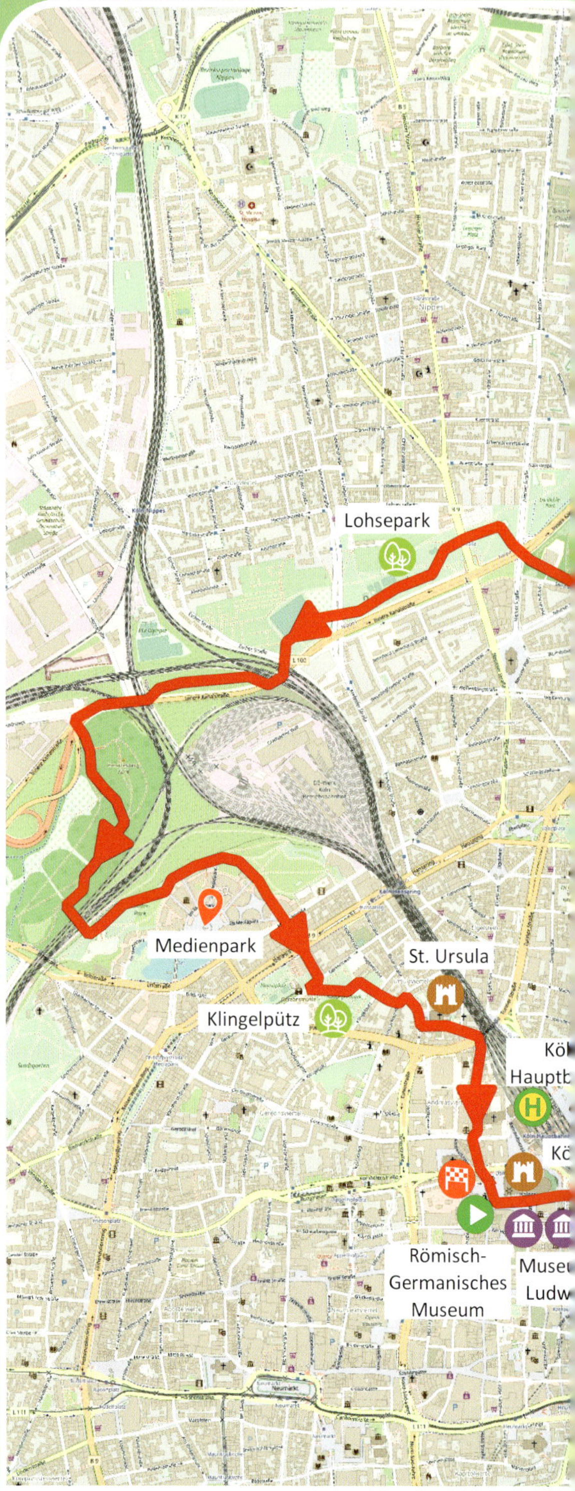

Lohsepark

Medienpark

St. Ursula

Klingelpütz

Köl
Hauptb

Kö

Römisch-
Germanisches
Museum

Museu
Ludw

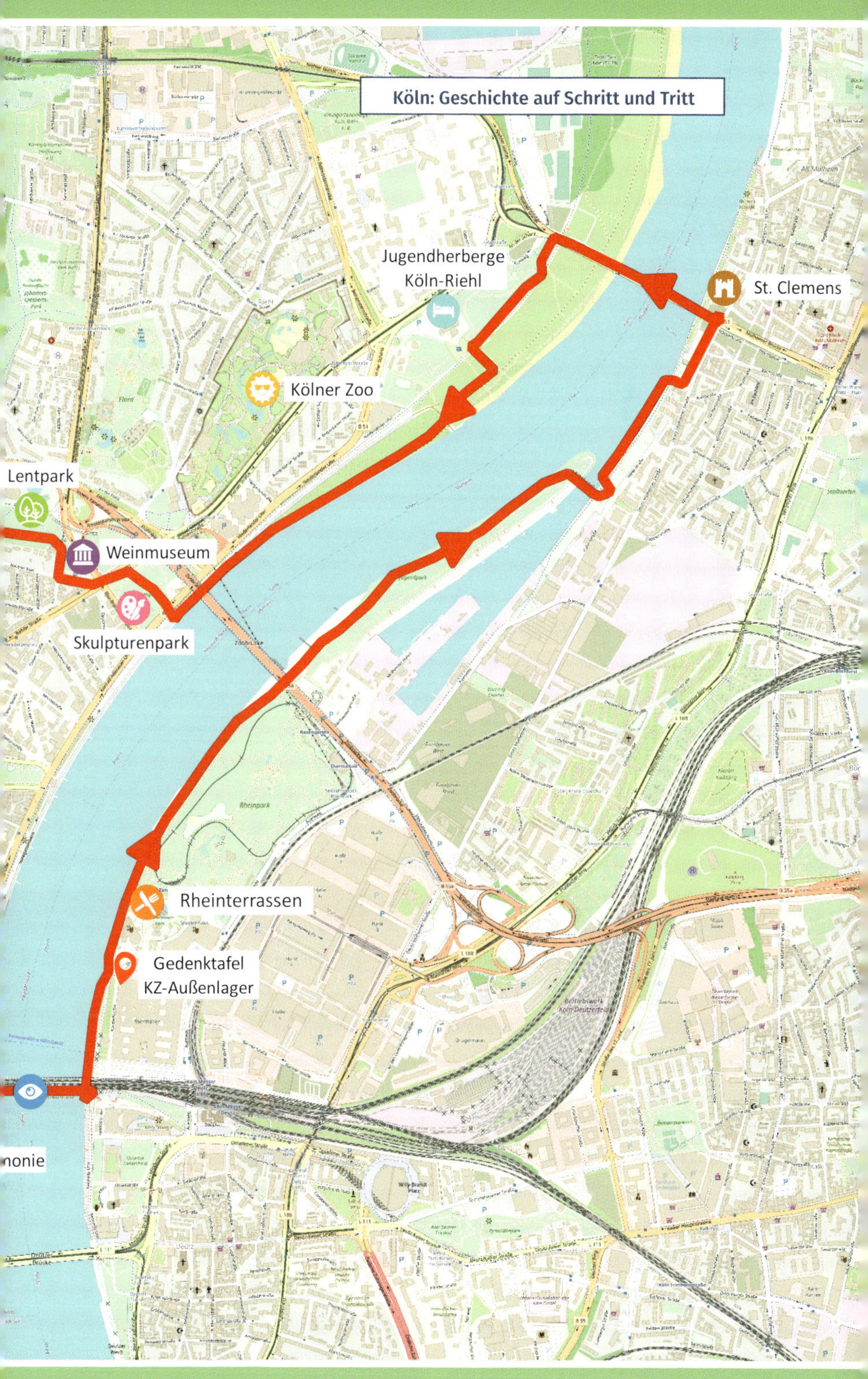
Köln: Geschichte auf Schritt und Tritt
Jugendherberge Köln-Riehl
St. Clemens
Kölner Zoo
Lentpark
Weinmuseum
Skulpturenpark
Rheinterrassen
Gedenktafel KZ-Außenlager
nonie

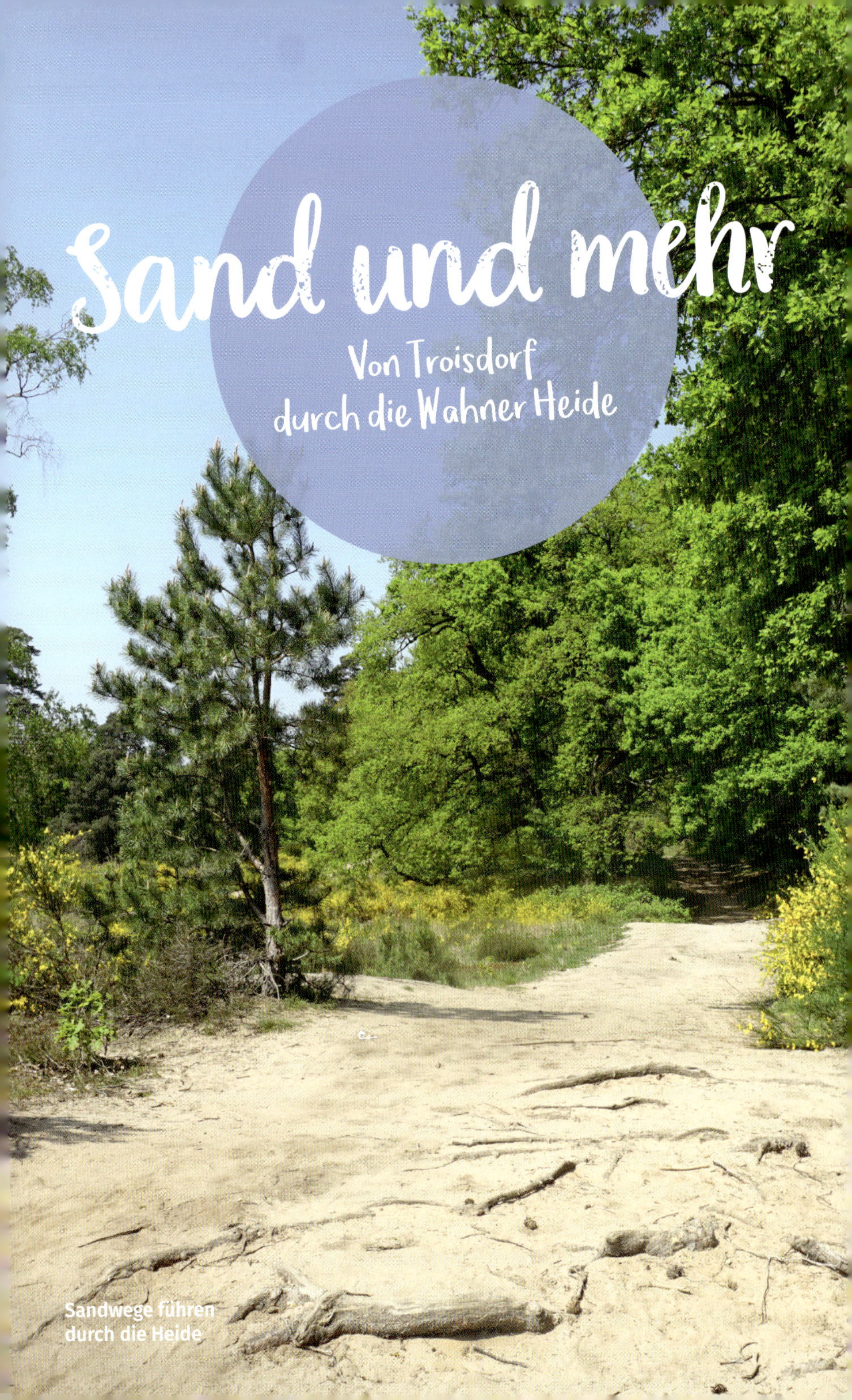

Sand und mehr

Von Troisdorf durch die Wahner Heide

Sandwege führen durch die Heide

Die Wahner Heide ist eine einzigartige Landschaft: in der Kernzone sandige und trockene Dünen – die aber, wenn die Heide oder der Ginster blühen, in voller Farbenpracht stehen – und an den Rändern saftige Böden, Tümpel und wunderbare Buchenmischwälder. Man hat auf dieser Runde immer wieder das Gefühl, man würde plötzlich zwischen den Welten reisen: Die Kühle am idyllischen Leyenweiher etwa ist so gar nicht vergleichbar mit der Hitze auf den offenen Heideflächen. Aber auch sonst bietet diese Runde viel Abwechslung zwischen Engels Heiligenhäuschen und Burg Blessem. Märchenhafter Höhepunkt ist dabei der heute etwas abseits in einem Wohngebiet liegende Hohlstein. Der Abstecher lohnt sich!

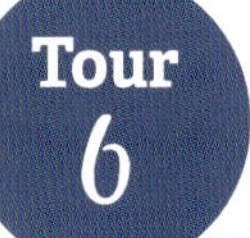

4:15 Std.

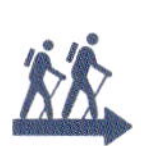

14,5 km

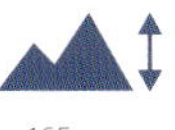

165 m

Start/Ziel: Waldfriedhof Troisdorf, Heerstraße 17, 53840 Troisdorf
Wegbeschaffenheit: sandige Heidewege, Schotterwege, wenig Asphalt
Anreise mit ÖPNV: Bushaltestelle Troisdorf Waldfriedhof (Linie 506)

Wegbeschreibung: Diese Wanderung beginnt mit einem Gang über den Troisdorfer Waldfriedhof. Es besteht allerdings auch die Möglichkeit, links um das Gelände herum zu gehen. Auf dem Friedhof wenden wir uns hinter dem Kriegerdenkmal vor dem Teich auf dem breiten Weg nach rechts. Wir folgen dem Hauptweg nicht an der Bank nach links, sondern gehen geradeaus bergauf. Bald endet der Asphalt und ein Schotterweg bringt uns zum Grabfeld Sonnenhügel. Dahinter links befindet sich eine kleine Tür im Zaun, durch die wir den Wanderweg erreichen. Nach rechts führt dieser uns an eine Gabelung, an der wir uns wieder rechts halten.

So gelangen wir an das Gemäuer eines alten Brunnenkellers. Dort gehen wir geradeaus weiter auf dem Brunnenkellerweg und bald um den Leyenweiher halb herum. Diesen verlassen wir an dem Platz mit den Bänken nach rechts auf dem Erlebnisweg Sieg und dem A3. Vor dem Parkplatz an der Taubengasse wenden wir uns kurz nach links, um sofort auf dem Radweg Richtung Siegburg nach rechts zu wandern.

Auf einer Art Deich gehen wir am Aggerstadion entlang. Nach einer Rechtskurve stehen unterhalb der Böschung ein Naturschutzgebiet-Schild und mehrere Pfosten, deren Köpfe rot bemalt sind. Sie markieren den Wanderweg, also verlassen wir den Deich und nehmen an der Gabelung den linken Weg, einen schmalen Pfad über die Wiese. Nachdem wir einen Bach überquert haben, folgen wir den roten Pfahlspitzen geradeaus auf drei Bäume zu, die allein in der Wiese stehen: die Buchen am Heiligenhäuschen.

Von dort setzen wir unsere Runde fort, indem wir nach links abbiegen. Vom nächsten Querweg lassen wir uns ein Stück nach links mitnehmen. Die erste Abzweigung nach rechts ignorieren wir, stattdessen gehen wir am hinteren Ende der Schneise nach rechts, wandern also an ihrer linken Seite. Immer noch leiten uns die Pfähle mit den roten Köpfen. Ihnen folgend bewegen wir uns bald am rechten Rand der Heide.

Erst kurz vor einer Straße folgen wir den Markierungspfählen nach links durch die sandige Landschaft. Vor dem Parkplatz gehen wir

Info

Wahner Heide

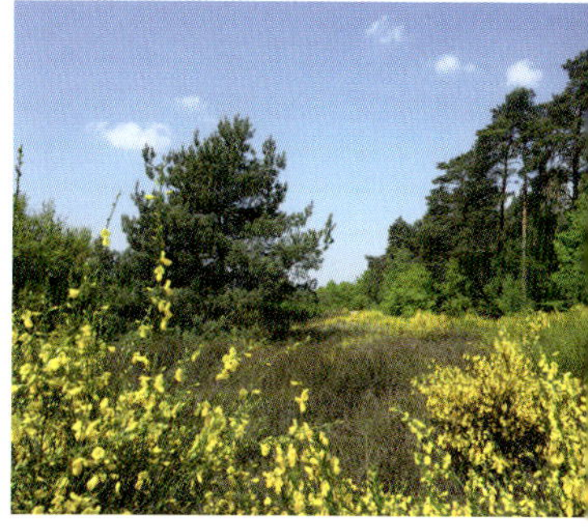

Schon seit mehr als 200 Jahren wird die Heide auch militärisch genutzt. Aus dieser Nutzung entstand letztlich der Köln-Bonner-Flughafen auf dem Gelände der Wahner Heide. Zuletzt nutzten bis 2004 belgische Truppen das Areal zu Übungszwecken. Auch wenn manche ökologische Sünde zu beklagen ist: Das Militär bewahrte die Heide davor, bebaut zu werden oder durch die Ausdehnung der Wälder und Büsche zu verschwinden. Die Heide ist schon seit 1931 Naturschutzgebiet. Eine Besonderheit, die sich auch auf dieser Wanderung beobachten lässt, ist die Tatsache, dass sich hier feuchte und trockene Biotope auf kleinstem Raum abwechseln. Neben den sandigen eiszeitlichen Dünen finden sich also kleine Moore und Auenwälder, jeweils mit schützenswerter Flora und Fauna.

rechts und durch die Schranke und auf der gegenüberliegenden Straßenseite vom dortigen Parkplatz rechts weg. Der ebenfalls mit den roten Pfosten markierte Pfad leitet uns zu einem Querweg, in den wir links abbiegen.

Auf dem breiten Weg wandern wir inmitten der Heide, bis nach links das zweite Mal ein leicht ansteigender Pfad zum Telegrafenberg beschildert ist. Dort wenden wir uns allerdings nach rechts und vor der Schranke nach links. Ein schmaler Pfad leitet uns am Waldrand entlang – wiederum begleitet von den Markierungspfählen.

An der Kreuzung wenden wir uns nach links und an der Gabelung nach rechts, und auch in den Querweg biegen wir rechts ein. Bei nächster Gelegenheit verlassen wir die kleine Straße auf dem Eidechsenweg nach rechts und nutzen die erste Möglichkeit, nach links abzubiegen, auf „Zu den Wichelstöcken".

Dem Eidechsenweg folgen wir an der nächsten Abzweigung nach links, überqueren den König-Baudouin-Weg und dann auch die Straße. Wo diese eine leichte Rechtskurve beschreibt, zweigt links ein

Pfad ab, der uns leicht bergab durch den Kriegsdorfer Wald führt. An der T-Kreuzung biegen wir links ab und lassen uns von dem Waldweg um die Siedlung herumführen, bis wir nach einem kleinen Gefälle einen asphaltierten Weg erreichen. Dort nehmen wir den ersten, den nicht asphaltierten Weg nach rechts und wenden uns unterhalb der Stufen wiederum nach rechts.
Vor dem Hohlstein führt unsere Route rechts bergauf und über die Querstraße nach rechts wieder in den Wald. Dort wenden wir uns nach links und gehen ein Stück des Weges zurück, auf dem wir vorher gekommen waren. Allerdings wenden wir uns schon bald an der Schranke rechts.

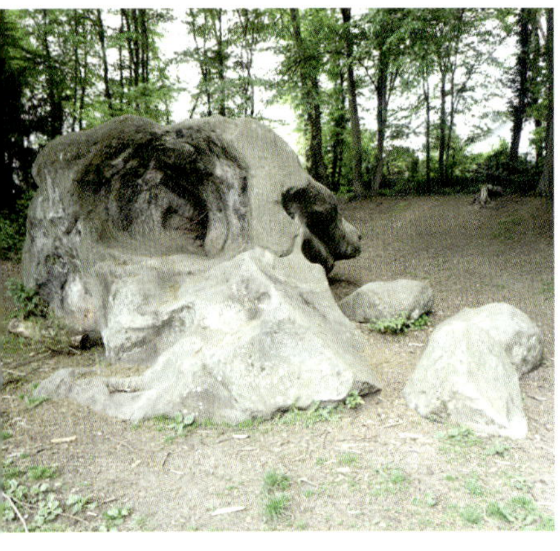

Am Hohlstein

Der Waldweg führt an eine kleine Straße, in die wir rechts abbiegen. Die Straße führt in einer Kurve leicht bergauf, und von der Geraden zweigt nach links ein Wanderpfad im rechten Winkel ab. Er führt an eine Kreuzung, an der wir nach rechts dem A2 folgen, fort vom Zaun. Vor der nächsten Umzäunung geht es links und gleich rechts weiter am historischen Hochbehälter vorbei.
Ein kurzes Stück geht es bald rechts der Straße entlang, bis an einer Kreuzung der Radweg nach rechts beschildert ist. Dieser auch mit A1 markierte Weg führt uns um die Ecke der Umzäunung nach rechts und kurz darauf nach links.
An der großen Kreuzung mit Wegkreuz und Schutzhütte bleiben wir der Markierung treu und wählen den zweiten Weg von rechts, der uns im Ort bis zur Querstraße „Am Prinzenwäldchen" bringt. Dort links abgebogen und dann an der Fußgängerampel rechts wandern wir hinter der Musikschule links in den Park von Burg Wissem, immer noch auf dem A1.
Im Burghof gehen wir rechts am Hauptgebäude vorbei und hinter der Brücke über den Graben wandern wir im Park stadtauswärts zurück zum Waldfriedhof.

Am Weg

Burg Wissem

Die Burg geht zurück auf die Merowingerzeit. Einst war sie von Wassergräben umgeben und der Sitz der Herren von Troisdorf. Ihr Burgpark mit Wildgehege liegt mitten in der Wahner Heide. Die Burganlage besteht aus Gebäudeteilen aus drei Epochen. Im Herrenhaus befindet sich das Bilderbuchmuseum, eine in Europa einzigartige Ausstellung, dessen Geburtsstunde 1982 die Schenkung von 300 historischen Bilderbuch-Originalillustrationen war. Seither wird die Sammlung stetig erweitert und bildet all das ab, was für die Illustrationskunst in Bilderbüchern von Bedeutung ist. Infos unter: www.troisdorf.de/de/natur-kultur/bilderbuchmuseum

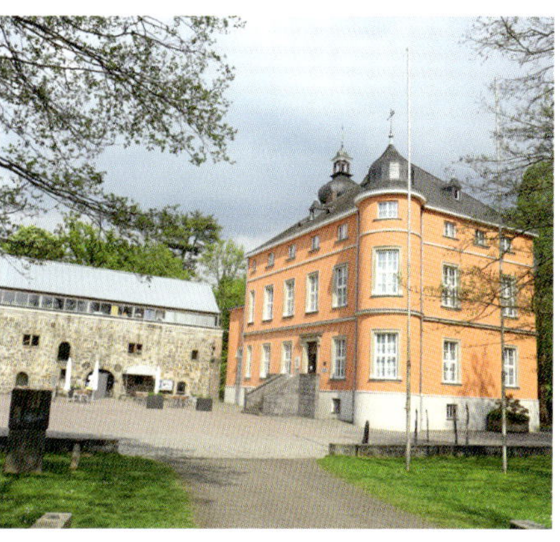

Im Portal der Burg befindet sich die Tourist-Information und die Dauerausstellung „Natur erzählt Geschichte(n)". Die Besucher erfahren viel über das Gebiet: Historie, Sagen und die wertvolle Beziehung zwischen Menschen und Natur im Laufe der Jahrhunderte.

Burg Wissem, Burgallee 1, 53840 Troisdorf, Telefon 02241/8841421, weiterführende Infos zum Bilderbuchmuseum und Portal unter: www.bilderbuchmuseum.de, www.heideportal-burgwissem.de

Gastronomie

Diverse in Troisdorf

Waldwirtschaft Heidekönig, Mauspfad 3, 53842 Troisdorf, Telefon 02241/1453150, www.der-heidekoenig.de (liegt etwas abseits der Route)

Von den wahren Schätzen

Zum Hohlstein oder Hollstein in der Wahner Heide bei Troisdorf gibt es mehrere Legenden: Eine erzählt, dass er der Hut eines Riesen sein soll, den dieser nach getaner Arbeit im Siebengebirge vergessen habe. Die andere erzählt, dass sich unter dem Hohlstein ein Labyrinth aus Gängen befinde, in denen ein Schatz lagert. Da ganz in der Nähe Gräber aus der Hallstatt-Zeit entdeckt wurden, wird vermutet, dass der Hohlstein eine vorchristliche Kultstätte gewesen sein könnte: In dieser Zeit, als es noch keine schriftlichen Überlieferungen gab und Geschichten von Mund zu Mund erzählt wurden, spielt unser Märchen. Es handelt auch von der Suche nach einem Schatz unter dem Hohlstein. Noch bevor hier die Heiden gegen die Christen um Schätze kämpften, diente der Stein vielleicht schon als Kultstätte, wie auch die in der Nähe gefundenen Gräber aus der Hallstatt-Zeit vermuten lassen: Aus dieser Zeit, als es noch keine schriftliche Überlieferung gab, erzählen wir diese Geschichte vom Hohlstein. Sie handelt auch von der Suche nach einem Schatz.

Bei den Kelten war es Brauch, am zweiten Februar, dem Fest der Göttin Birgit, wenn die Tage schon spürbar länger wurden, ein ganz besonderes Ritual zu feiern: Junge Menschen bekamen die Möglichkeit ein Jahr „auf Probe“ zusammen zu leben. An einem dieser Imbolc-Fest genannten Tage versammelten sich die jungen Menschen der Sippe auf dem Platz unter der Linde. Der Druide und die Seherin waren dabei, um die jungen Menschen zu unterstützen und zu beraten.

„Ihr macht dies auf ein Jahr! Das muss euch klar sein! Es gibt keine Vorwürfe und kein Gejammer, wenn einer von euch am Ende der Probezeit nicht mehr will. Das müsst ihr euch hier und jetzt versprechen“, sagte der Druide streng. Und die Seherin stimmte ihm zu: „Denkt immer daran: Wahre Liebe baut ein Nest und verleiht Flügel.“ Mit diesen Worten wurden die jungen Menschen in den Tag entlassen. Am

Abend sollten sie der Gemeinschaft ihre Entscheidungen kundtun. Anach und Nais schlichen den ganzen Vormittag umeinander herum. Keine wollte auf die andere zugehen. Der Druide und die Seherin lächelten sich zu und gingen gemeinsam zu den beiden Mädchen.

„Bedrückt euch etwas?" fragte der Druide.

Die Seherin sah den beiden tief in die Augen. Doch die beiden Mädchen waren zu schüchtern, und blickten stumm zu Boden.

„Geht zum Hohlstein. Sucht nach dem Eingang zum unterirdischen Labyrinth und findet den gut gehüteten Schatz!" rief die Seherin.

Der Druide ergänzte lachend: „Und geht gemeinsam!"

Die Mädchen waren froh, eine Aufgabe zugewiesen bekommen zu haben, und gingen durch die Heide zu dem magischen Stein. Es war immer noch sehr früh im Jahr, und die Sonne wärmte noch nicht wirklich. Sie gingen schweigend nebeneinander, sie kannten den Weg zum heiligen Stein seit ihrer Kindheit.

„Was glaubst du?", fragte Anach, „warum schicken sie uns gemeinsam zu diesem Platz?" „Wir sollen dort etwas in Erfahrung bringen, denke ich." antwortete Nais.

Und so gingen sie schweigend nebeneinander den Pfad durch die Heide. Am Hohlstein angekommen wussten sie nicht, was zu tun war. Sie fanden den Eingang und Anach – sie war die Wagemutige der beiden – stieg sofort hinunter in die Erde. Nais blieb oben zurück und wartete. Schon oft waren sie mit ihren Eltern hier gewesen, und immer war ihnen verboten worden, in die Höhle zu gehen. Aber als ihre Freundin nicht mehr zurückkam, war sie sehr beunruhigt. Wie viel Zeit war schon vergangen? Musste sie Anach suchen?

Sie nahm all ihren Mut zusammen und stieg hinab in das Labyrinth unter der Erde. Doch bevor sie losging, knüpfte sie einen Wollfaden, den sie immer bei sich trug, an den Ast vor dem Eingang. Sie schlüpfte in die Höhle, und schon bald war es rund um sie herum stockdunkel.

Sie entzündete einen Holzspan mit einem Feuerstein, der vor ihr auf der Erde lag, und ging den hohlen Gang entlang: „Anach!“ rief sie verzweifelt. „Wo bist du?“
Doch sie bekam keine Antwort. Sie hörte nur ihr eigenes Echo, das von den rauen Wänden der Höhlengänge zurückgeworfen wurde. Als sie schon fast die Hoffnung verloren hatte, hörte sie eine ferne Stimme: „Hier! Hier unten bin ich!“
Tapfer ging Nais weiter, sie gruselte sich fürchterlich, doch all ihre Angst war nichts gegenüber der Angst, die Freundin zu verlieren. Schließlich gelangte sie in einen großen, saalähnlichen Höhlenraum, in dem ein unterirdischer See lag. Durch einen länglichen Spalt in der Decke fiel gleißendes Tageslicht und tauchte alles darunter in funkelndes Strahlen wie glänzende Edelsteine.
Und endlich – da war Anach! Sie saß am Ufer des kleinen Sees und spielte mit den glänzend goldenen Steinen. Nais trat zu ihr und staunte nicht schlecht. Ihre Freundin hatte sich nicht verlaufen, sondern saß quietschvergnügt in der Höhle.
„Was fällt dir ein! Ich hatte solche Angst um dich!“
„Warum?“, fragte Anach, „Jetzt hast du mich doch gefunden!“
„Aber es hätte dir etwas passieren könne, dann hätte ich dich für immer verloren!“, rief Nais verzweifelt und warf sich auf den Boden und begann zu weinen. Sie war mit den Nerven am Ende. Konnte ihre Freundin denn ihre Sorge nicht verstehen? Warum machte sie das?
Anach runzelte die Stirn und fragte: „Aber warum hast du solche Angst, mich zu verlieren? Du wirst dir heute einen Jungen suchen und dich verheiraten. Du wirst dein Glück finden, Kinder bekommen und das Leben führen, das alle in unserer Sippe führen.“
Da durchfuhr es Nais wie ein Blitz. Schnell und ohne Vorwarnung wusste sie, dass sie keinen Jungen heiraten wollte. Sie wollte mit ihrer Freundin sein, für immer. Sie erkannte, dass sie in Anach verliebt war – schon lange! Rund um sie herum glänzte es wie Gold und Edelsteine – sie hatten den Schatz unter dem Hohlstein gefunden. Doch der wahre Schatz

in ihren Herzen war tausendmal bedeutender. Nais nahm Anachs Hand, und gemeinsam gingen sie aus dem Labyrinth der Höhle wieder hinaus. Nur nebenbei bemerkt, hätten sie ohne die Weitsicht Nais' den Weg hinaus nicht mehr gefunden, aber das war gerade nicht so wichtig. Die Sonne schien vom Himmel, und die beiden Mädchen lachten und hielten sich an den Händen. Sie wussten jetzt, was zu tun war.

Sobald die beiden zurück waren an der Linde, kamen die Seherin und der Druide zu ihnen und blickten den jungen Frauen erwartungsvoll und aufmunternd in die Augen.

„Habt ihr euren jungen Mann gewählt?" fragte der Druide. Die Seherin warf ihm einen belustigten Blick zu und sagte in liebevollen Ton: „Was habt ihr erlebt in dem Labyrinth unter dem Hohlstein? Habt ihr euren Schatz gefunden?"

Anach fasste sich ein Herz, und es sprudelte nur so aus ihr hervor: „Ja, wir haben den Schatz gefunden, aber nicht nur den irdischen Schatz, sondern etwas viel Bedeutenderes: den Schatz unserer Herzen!" Nais blickte verschämt in den Himmel, doch Anach schaute dem Druiden und der Seherin mutig in die Augen. Dann nahm sie die Hand ihrer Freundin, und sie blickten erwartungsvoll zu den beiden Erwachsenen.

„Dann habt ihr ja den wahren Schatz gehoben", verkündete der Druide. Und die Seherin erwiderte liebevoll: „Ich habe schon bei eurer Geburt gesehen, dass ihr füreinander bestimmt wart. Aber ihr musstet es selbst erkennen." Feierlich sprach der Druide zu den Mädchen: „Wir freuen uns sehr für euch, ihr seid eine große Bereicherung für unserer Gemeinschaft!"

„Die Freiheit beginn in unseren Herzen!" flüsterte die Seherin, und sie strich den beiden jungen Frauen liebevoll über die Köpfe und erteilte ihnen ihren Segen.

So wurden an diesem 2. Februar – in einem Jahr, in dem der Schnee schon sehr früh gefallen war und die Natur schon wieder etwas grün zeigte – vier junge Paare für ein „Probejahr" zusammengeführt. Eines davon waren die mutige Anach und die vorsorgende Nais.

Tour 6

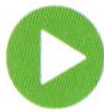 Startpunkt

 Zwischenziele

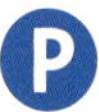 Parkplatz

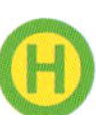 Haltestelle

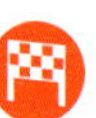 Zielpunkt

 Gastronomie

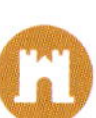 Sehenswürdigkeit

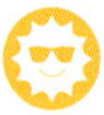 Freizeitspaß

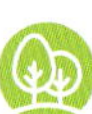 Naturerlebnis

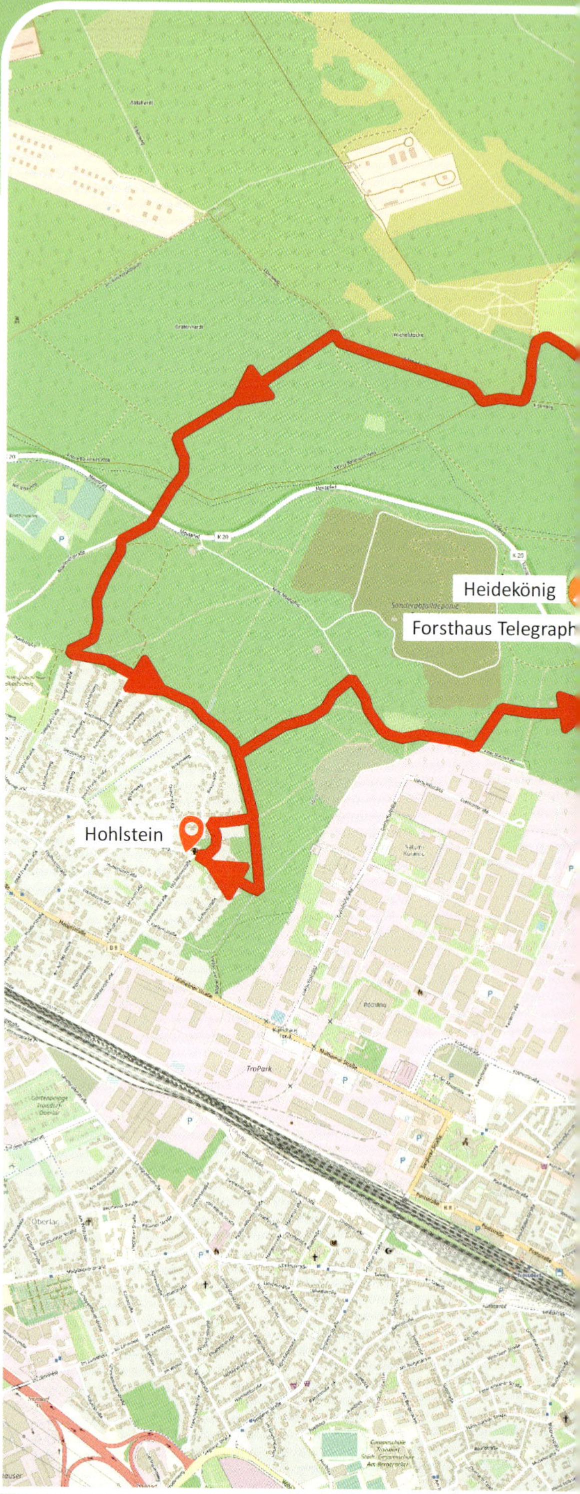

Heidekönig

Forsthaus Telegraph

Hohlstein

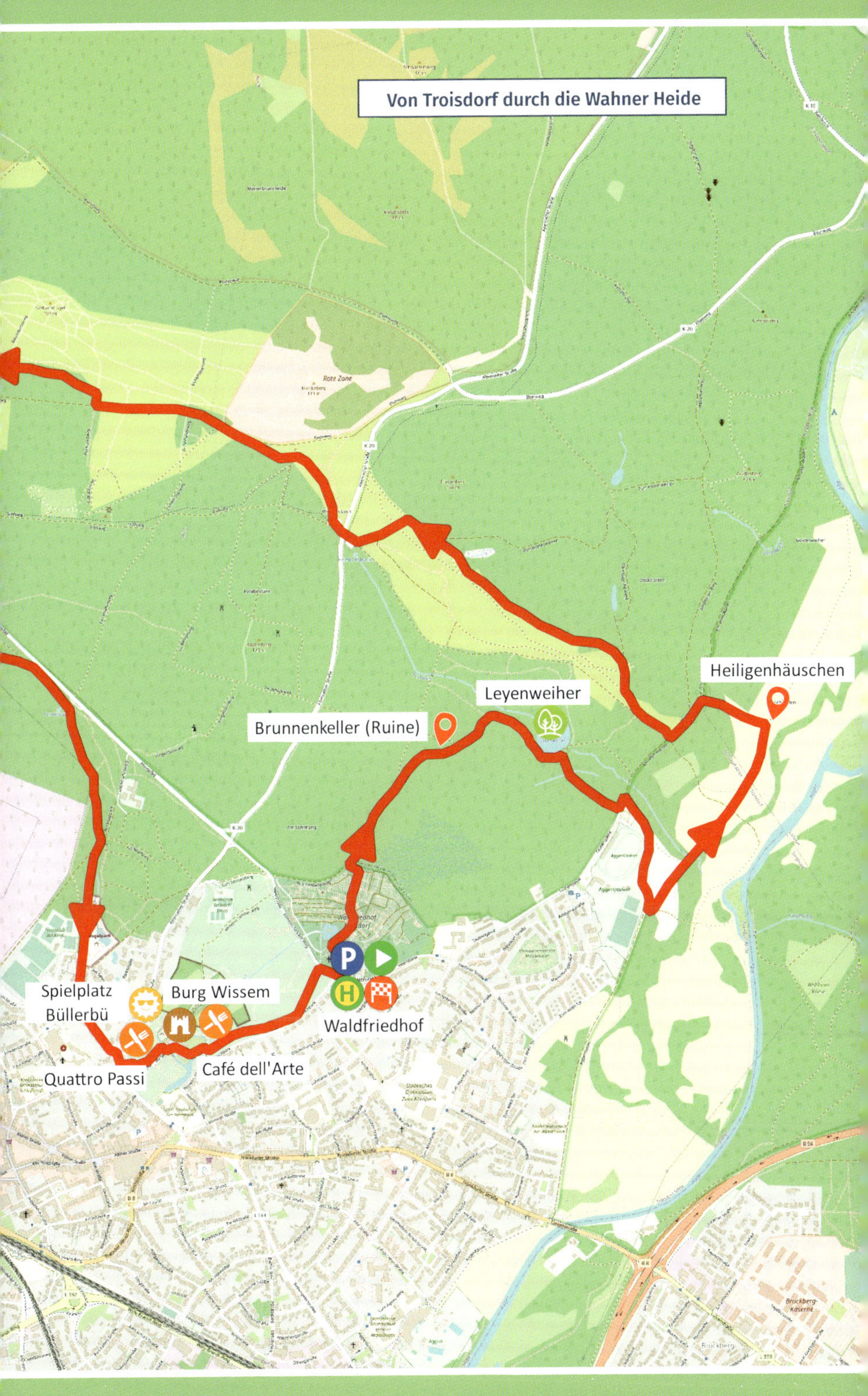

Von Troisdorf durch die Wahner Heide
Heiligenhäuschen
Leyenweiher
Brunnenkeller (Ruine)
Spielplatz Büllerbü
Burg Wissem
Waldfriedhof
Quattro Passi
Café dell'Arte

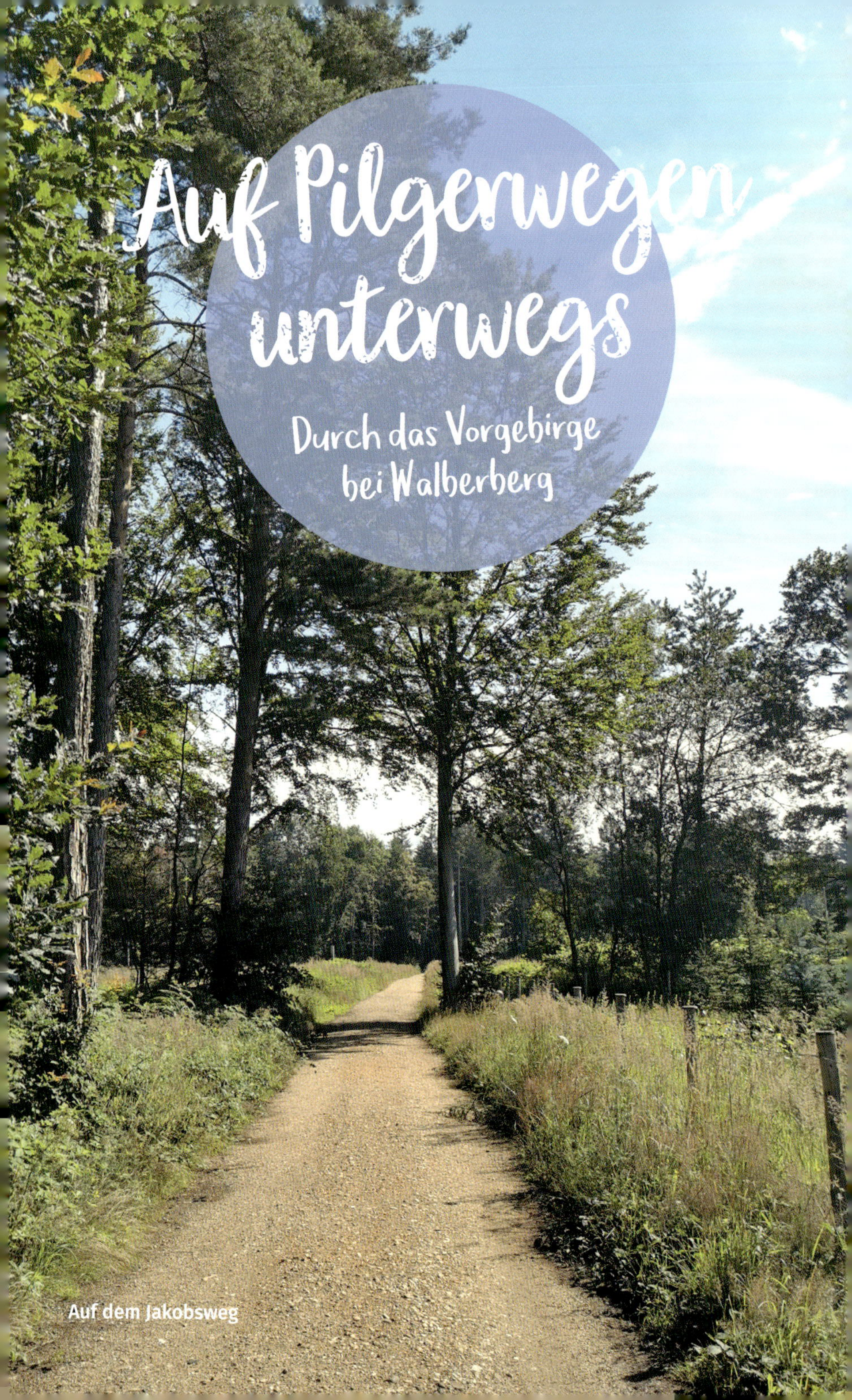
Auf Pilgerwegen unterwegs
Durch das Vorgebirge bei Walberberg
Auf dem Jakobsweg

Zwischen dem Rheintal und der Ebene der Kölner Bucht liegt ein kleiner Hügelzug, das Vorgebirge. Wer auf dem Jakobsweg nach Trier wandert, der überquert den Bergrücken von Walberberg Richtung Swister Turm. Wo immer schon Pilger unterwegs waren, da verdichten sich Legenden und religiöse Zeugnisse – und so ist es auch hier. Es ist spannend, sich auf die Spuren der immer noch ansässigen heiligen Frauen zu begeben – aber die Villewälder bieten auch Ausblicke, eine interessante Natur und viel Stille in der weitläufigen Landschaft des Vorgebirges, zwei malerische Seen inklusive. Dass der Name Berggeistweiher märchenhafter klingt als das Relikt des Braunkohletagebaus tatsächlich ist, tut dem keinen Abbruch, er bereichert diese Waldrunde allemal mit seiner Ruhe und Beschaulichkeit.

Tour 7

4:00 Std.

16,5 km

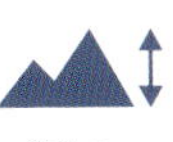
162 m

Start/Ziel: Pater-Bertram-Platz, Frongasse 37, 53332 Bornheim-Walberberg. Dienstags von 13 bis 15 Uhr halten und parken verboten.
Wegbeschaffenheit: hauptsächlich breite Forstwege
Anreise mit ÖPNV: Haltestelle Pater-Bertram-Platz, Bornheim, Linie 18 von Bonn und Köln, Haltestelle Walberberg

Wegbeschreibung: Wir starten am Parkplatz am Pater-Bertram-Platz in Walberberg. Über die Treppe steigen wir links hinauf und kommen an einem Kinderspielplatz vorbei. An der Straße gehen wir rechts in Richtung Kirche. Rechter Hand steht hier noch ein Rest des Römerkanals. Wir gehen links, an der Gerichtslinde vorbei und hinauf zur Kirche. Nach ihrem Besuch wandern wir vorbei an der Statue der Heiligen Walburga die Treppe hinauf, halten uns danach rechts und biegen vor dem Hexenturm nach links ab.

Wir folgen dem Weg durch den Friedhof bergan. Er ist hier schon mit der gelben Muschel auf blauem Grund, dem Zeichen des Jakobsweges, markiert. An der nächsten Möglichkeit biegen wir nach links ab und dann gehen wir nach rechts in die Hanrathstraße. An ihrem Ende folgen wir dem Schild zur Jugendakademie nach links und wandern bergauf ins „Wingert“. Von hier aus kann man bei klarer Sicht bis zum Kölner Dom sehen. An der Jugendakademie vorbei folgen wir dem asphaltierten Weg. Vorbei an Wiesen wandern wir bergan immer wieder mit Blick nach Köln.

Dort, wo der asphaltierte Weg endet, biegen wir nach links auf einen Waldweg. An der Gabelung halten wir uns rechts und am Klüttenweg links. Am nächsten Querweg folgen wir dem Jakobsweg nach rechts in Richtung Weilerswist, halten uns an der Gabelung links und folgen dem gekiesten Weg. An der nächsten Gabelung gehen wir geradeaus. An der Kreuzung, an der mehrere Wege aufeinandertreffen, halten wir uns fast geradeaus in Richtung Swister Türmchen, weiterhin auf dem Jakobsweg.

Wir folgen dem gekiesten Weg durch den Wald. Nach einem ganzen Stück stoßen von rechts zwei Wege auf unseren, wir bleiben aber bei unserer Richtung und erreichen eine lichte freie Fläche. Hier kann man gut sehen, wie die Birken als Pionierpflanzen karge Flächen neu bewachsen. Dort, wo der Wald wieder dichter wird, befindet sich links ein abgezäuntes Gelände einer stillgelegten Sand- und Kiesgrube. An einem kleinen Tümpel kann man sich an einer Tafel per Code die „Villewälder-App“ herunterladen, um mehr über den Wald und seine Bewohner zu erfahren. Wir treffen auf einen breiten

Am Weg

Walburga in Walberberg

Schon im 8. Jahrhundert stand an dieser Stelle eine Kirche, wahrscheinlich war sie Teil einer Burganlage, von der heute noch der „Hexenturm“ erhalten ist. Die heutige Walburgakirche geht allerdings auf einen romanischen Bau aus dem 11. Jahrhundert zurück – zur Ankunft der wundertätigen Reliquien der Heiligen Walburga musste die passende Kirche erbaut werden.

Erzbischof Anno II. hatte damals die Hirnschale der damals schon hochverehrten Heiligen gekauft – und ihren „Wanderstab“. Beides wurde 1069 nach Berg gebracht, das von da an seinen Namen in „Berg der Walburga“, später in Walberberg änderte, obwohl die Heilige selbst nie dort war.

1197 kamen dann Zisterzienserinnen und errichteten ein Klostergebäude, und im 15. Jahrhundert folgten die Mönche. Am Ende des Zweiten Weltkriegs wurde die Kirche bombardiert und brannte völlig aus. Nach dem Wiederaufbau bekam sie den freistehenden Turm und ihre ursprüngliche romanische Form zurück. An der rechten Seite des Altarraums führt die steile Treppe nach oben zu der „Heiltumskammer“ mit den Reliquien der Heiligen Walburga.

Unterhalb der Kirche, an der Straße, steht eine alte und ehrenvolle Gerichtslinde – darunter wurde in früheren Zeiten Gericht gehalten. An der Straße unterhalb der Linde befindet sich ein Rest der Römischen Wasserleitung.

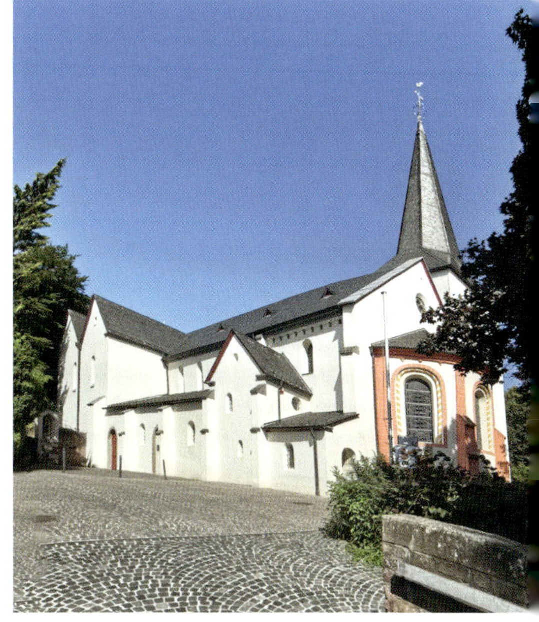

Querweg, wo wir nach rechts abbiegen. Kurz darauf zeigen die Schilder zum Swister Turm nach links in den Wald, und wir folgen ihnen durch einen kleinen „Urwald" zum Turm.
Nachdem wir den Swister Turm und die Aussicht genossen haben, gehen wir dasselbe kurze Waldstück wieder zurück, gelangen wieder an den Hauptweg und gehen nach rechts. Dort, wo wir auf dem Pilgerweg vorher von links gekommen waren, wandern wir nun geradeaus und verlassen so den Jakobsweg. Links ist die Umzäunung der Kiesgrube. Der Weg macht einen Knick und wir folgen ihm nach links, weiterhin entlang der Kiesgrube.
An der nächsten Gabelung wenden wir uns nach links. Der Weg führt uns in ein Waldstück, einen Hainbuchenwald, wie er für die Villewälder typisch ist. Die geschlungenen Stämme der Hainbuchen sind wie verwunschen, und es ist, als ob hinter ihnen Wichtelmännchen hervorlugen würden. Rechts neben uns fällt das Gelände ab, wir befinden uns am Rand der Anhöhe. Der Weg mündet bald in einen schmalen Waldpfad.

Am Weg

Swister Turm

Hier, am Westhang der Ville, soll es ein untergegangenes Dorf gegeben haben. Die Reste einer Kirche aus dem 9. Jahrhundert zeugen davon. Und auch hier begegnet uns – wie so oft im Rheinland – die weibliche Dreifaltigkeit, aber nicht in Form der rheinländischen Matronen, sondern als christliche Märtyrerinnen und Töchter der Heiligen Sophia: Fides, Spes und Caritas. Möglicherweise war aber zuvor das römische Heiligtum schon den Matronen gewidmet. Die Hauptthemen der Wallfahrt zum Swister Turm hatten mit Fruchtbarkeit, guter Ente, Schutz vor Hunger, Seuchen und Kriegen zu tun. Die Kirche der verlassenen Siedlung verfiel im Laufe der Zeit, das Kirchenschiff musste irgendwann abgerissen werden, und nur der Turm blieb erhalten. Dieser wurde 1851 restauriert und wieder für die Wallfahrt geöffnet. 2005 wurde er erneut saniert und der Platz rund herum ansprechend gestaltet, so dass er zu einem entspannten Besuch einlädt.

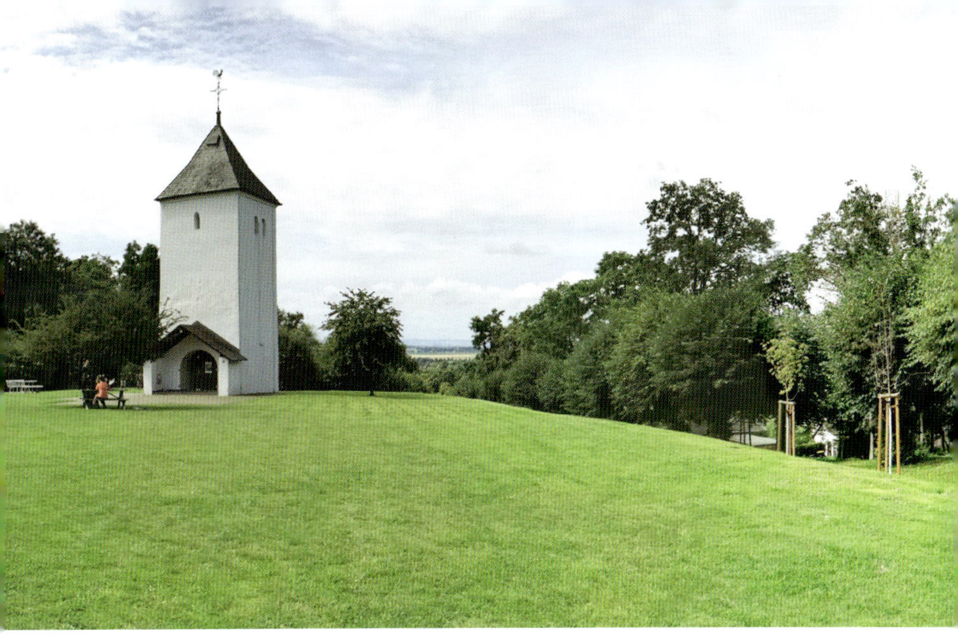

Am Swister Turm

Wo ein kleiner Pfad nach links abbiegt, gehen wir auf dem Hauptweg geradeaus. Der gekieste Ville-Eifel-Weg führt uns in Richtung Birkhof und Brühl. Immer wieder kommen wir an kleinen Tümpeln vorbei, die der spezielle Stauwasserboden der Villewälder bildet. Nach einem guten Stück erreichen wir wieder die Kreuzung mit dem Jakobsweg und gehen geradeaus in Richtung Brühl und Badorf.
Wenn wir vor uns schon eine kleine Straße erkennen können, biegen wir rechts ab und folgen dem Schild Richtung Walberberg. Wir bleiben auf dem Hauptweg, der uns in einer Kurve nach rechts führt. Die Abzweigung nach rechts ignorieren wir; an der nächsten Gabelung können wir uns entscheiden: Wer eine Abkürzung nehmen möchte, geht hier geradeaus und kommt so auf den Klüttenweg zurück. (Wegen des Hochwassers im Juli 2021 war dieser Weg bei Drucklegung dieses Buches noch nicht wieder freigegeben). Wir empfehlen aber, nach links abzubiegen: zum Birkhof, zur Kapelle, zum Lucretiasee und zum Berggeistweiher.
Auf dieser Route kreuzen wir den Reitweg und wandern über den großen Parkplatz am Birkhof nach rechts. Am Ende des Parkplatzes kommen wir an die Birkhofkapelle, gehen an ihr vorbei und biegen auf Höhe der Straße rechts ab in Richtung Walberberg. Dem Ufer

Am Weg

Naturschutzgebiet Villewald

Die Eichen- und Hainbuchenwälder im Kottenforst und dem Villewald zwischen Köln und Bonn gehören auch europaweit gesehen zu den besonders schützenswerten Waldregionen. Die Bäume wachsen auf Stauwasserböden, diese entstehen durch Regenwasser, das nur sehr langsam in die Erde absickern kann. Die Mischwälder aus Eichen, Hainbuchen, Winterlinden und Rotbuchen sind nicht nur beeindruckend naturnah, sondern auch Heimat für viele Tiere: unter ihnen sogar die scheue Wildkatze.
Zusätzliche Informationen für Groß und Klein finden sich auf der Villewälder App unter: www.villewaelder.de/app

des Lucretiasees folgend biegen wir links Richtung Berggeistweiher ab. Wir kommen an eine Gabelung und nehmen den Waldpfad nach rechts.
Das Gelände ist nun unwegsamer, immer wieder kann man an den Berggeistweiher gelangen und Seevögel beobachten, zum Beispiel Kormorane, die ihre Flügel zum Trocknen aufspannen. Dort, wo man zum ersten Mal nach rechts abbiegen kann, folgen wir einem schmalen Pfad und kommen auf einen Hauptweg, der uns nach links weiterführt. Die beiden Seen sind Relikte aus dem Braunkohleabbau auf dem sogenannten Schnorrenberg. Am Ende des Sees halten wir uns rechts, und an der nächsten Möglichkeit folgen wir dem A9 und dem Kl rechts hinauf. Wieder auf dem Hauptweg, gehen wir rechts bis zu einer breiten Abzweigung nach links. Von hier folgen wir den Schildern nach Walberberg auf dem breiten Klüttenweg. Wer vorher die Abkürzung genommen hat, trifft hier wieder auf die Hauptroute.

Gastronomie

Landgasthaus Birkhof, Am Birkhof 1, 50321 Brühl,
Telefon 02232/9930921, www.landgasthausbirkhof.de
Landhaus Wieler, Hauptstraße 94-96, 53332 Bornheim-Walberberg,
Telefon 02227/2522, www.hotelwieler.de

Immer geradeaus geht es den breiten Weg entlang, und erst dort, wo wir wieder das Schild des Jakobwegs Richtung Walberberg sehen, biegen wir links ab. Gut 400 Meter wandern wir auf der gleichen Strecke, die wir vorher gekommen sind, nehmen aber an der Kreuzung den Waldpfad geradeaus. An einer Gabelung halten wir uns rechts und folgen einem schmalen Weg, an dessen Ende wir einen Fußballplatz erreichen. Davor biegen wir links ab und gehen an der Straße geradeaus. So kommen wir am alten Jüdischen Friedhof vorbei. Dahinter gehen wir rechts und an der Querstraße links hinunter in die Röntgenstraße. Hier sehen wir bereits den Kirchturm und haben nochmals einen Blick nach Köln. Geradeaus gehen wir über die Hanrathstraße in „Am Goldacker", biegen nach rechts in den Friedhof ein und erreichen unterhalb der Kirche wieder den Ausgangspunkt.

Am Weg

Birkhof am Berggeistweiher und Lucretiasee

Die beiden Weiher sind entstanden aus den Gruben Berggeist und Lucretia, die auf dem Schnorrenberg Braunkohleabbau betrieben. Der Gutshof aus dem 19. Jahrhundert war zu dieser Zeit von Grubenfeldern und Feldbahnen sowie einem Kraftwerk und einer Brikettfabrik umgeben. Mitte der 1920er-Jahre wurde das Bergwerk aufgegeben, und heute liegt der Birkhof wieder umgeben von Bäumen fast in der Natur. Viele Geschichten ranken sich um die gleich nebenan stehende Birkhofkapelle.

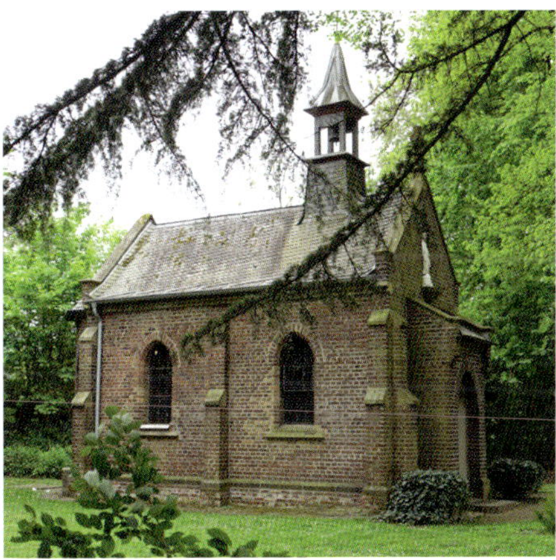

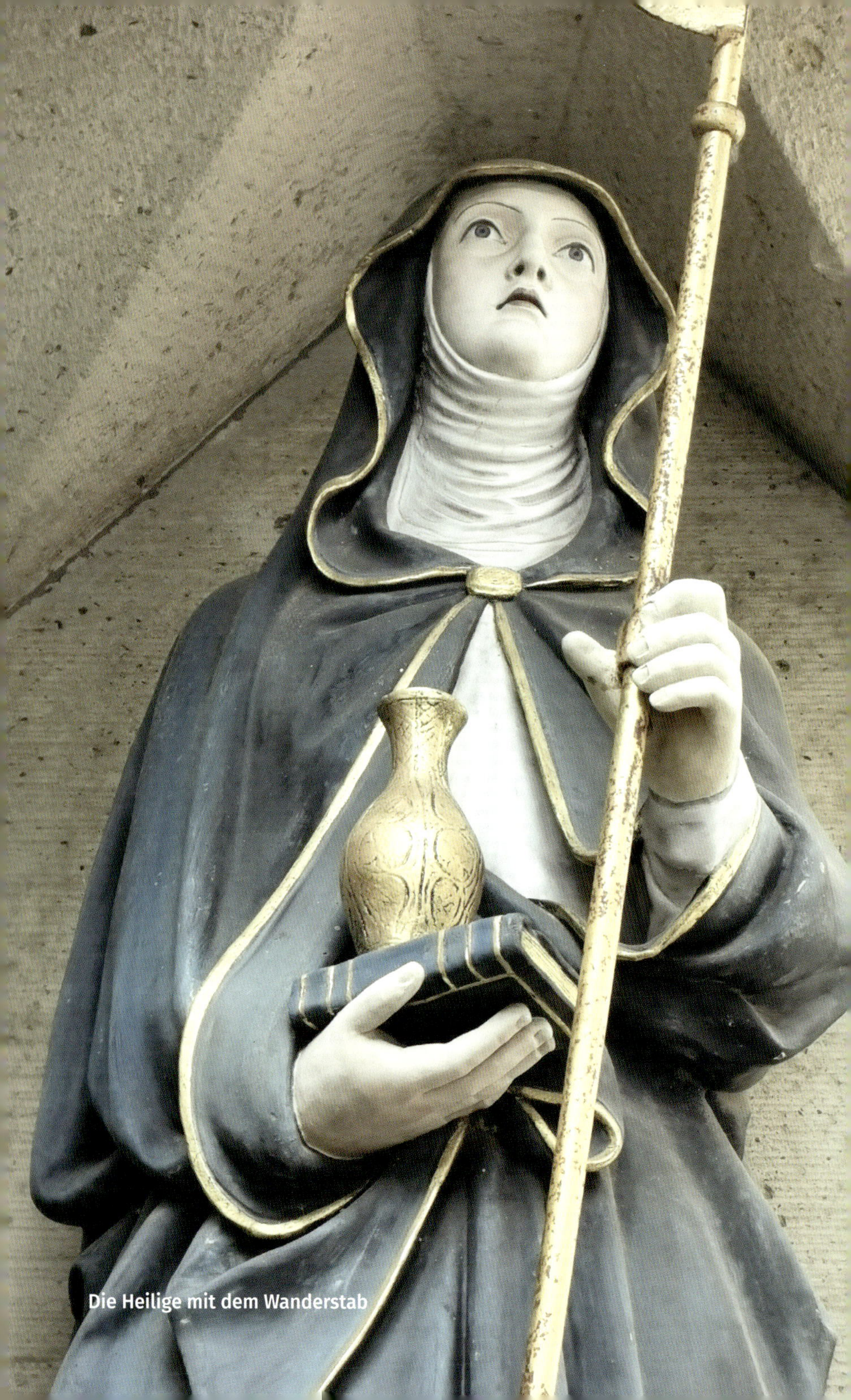

Die Heilige mit dem Wanderstab

Ein modernes Pilgermärchen

Legenden von Pilgerwegen und was die Menschen darauf erlebten, gibt es aus allen Zeiten und Religionen. Dieser Teil des Jakobswegs führt uns in Walberberg zu den Heiligen Walburga und Margarete und am Swisterturm zu den drei heiligen Frauen: Fides, Caritas und Spes – die an die Matronen der Römer erinnern.

Wir möchten euch eine Pilgergeschichte erzählen – von einem Mädchen, das sich in Köln aufmachte, aber nur bis zum Swister Turm kam – eigentlich nicht einmal bis dorthin ...

Maria war der Name dieser jungen Frau, und hätte sie sich einen Namen aussuchen können, dann wäre es nicht ganz sicher nicht der der Gottesmutter gewesen. Gerne hätte sie Jessica oder Zoe geheißen, aber das war nun mal nicht mehr zu ändern. Maria also wollte pilgern und jeden Tag in ihrem Blog davon berichten.

So machte sie sich auf den Weg und kam bei Sonnenschein an der Kirche der Heiligen Walburga in Walberberg an. Da es bestimmt sinnvoll wäre, in der Kirche ein paar Fotos zu schießen, ging sie hinein, obwohl sie mit Religion so gar nichts am Hut hatte. Sie schaute in den Beichtstuhl, machte halbherzig ein paar Bilder und stieg schließlich die enge, steile Treppe neben dem Altar hinauf. Dort lachte ihr ein Kopf entgegen. „Was ist das denn?" dachte sie und blickte verwundert durch das Gitter in den Raum. „Ist das das Gehirn der Heiligen? Igitt, das ist ja voll krass! Nichts wie raus hier!"

Das war dann auch das letzte, was sie dachte, denn Maria rutschte beim ersten Schritt aus und fiel über die steile Treppe hinunter. Das Geländer hatte sie vor dem Absturz gesichert, aber sie hatte sich daran den Kopf gestoßen und lag nun am Fuße der Treppe. Ganz langsam öffnete sie die Augen.„Oh, ich lebe noch", stellte sie erleichtert fest und verließ schnell die Kirche. Aber was war denn da los? Vor der Kirche sah alles anders Aus: die Häuser, die Wiesen, der Friedhof, die Bäume und vor allem: die Menschen! „Wo bin ich nur? Träume ich?" dachte sie noch,

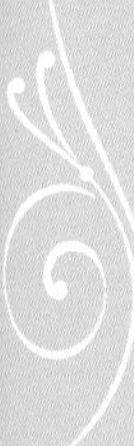

und in diesem Moment stach es in ihrem Kopf und der linke Fuß wollte sie nicht mehr tragen und sie sank in sich zusammen. Doch bevor sie auf den Boden fiel, wurde sie von zwei starken Armen aufgefangen – sie gehörten einem jungen Mann, der einen Handkarren bei sich hatte. „Was ist dir?“ fragte er besorgt. „Soll ich dich mitnehmen? Auch wenn du närrische Kleider trägst ...“ „Närrische Kleider?“ empörte sich Maria innerlich: „Spinnt der?“

Doch sie war zu angeschlagen, um sich zu wehren, und schon lag sie auf dem ratternden Wagen in Richtung Wald. Neben ihr gackerten ein paar Hühner. Maria schloss die Augen: „Bin ich tot? Oder in einem Parallel-universum?“

Über diese Gedanken schlief sie ein und erwachte erst, als es ordentlich rumpelte, weil der Bursche zu wild über eine Wurzel gefahren war. Die Hühner gackerten beleidigt, und Maria rieb sich den Kopf und sah mit

Entsetzen, dass schwarz gekleidete Männer mit Vogelmasken einen Karren mit abgedeckten Toten vorbeizogen. Maria suchte nach ihrem Handy, um ein Foto zu machen, doch es war nicht in ihrer Tasche – es musste ihr beim Sturz aus der Hand gefallen sein. Als sie sich von dem Schock und Gestank erholt hatte, schrie sie nach vorn zu dem Burschen, der sie den Hang hochzog.

„Wer bist du eigentlich? „Ich bin Gebhart. Ich bin vogelfrei!“ „Was heißt das? Ist das toll, vogelfrei zu sein?“ fragte Maria.

„Nein, es heißt, dass ich nirgendwo hingehöre und auch niemanden mehr habe, und mich auch niemand schützt.“

„Was? Du hast gar niemanden auf dieser Welt?“ stieß Maria bestürzt hervor. „Nein, meine ganze Familie ist am schwarzen Tod gestorben, nur ich habe überlebt. Dann wurde ich beim Stehlen erwischt, aber ich hatte Glück, sie haben mir nur einen Finger abgehackt und mich nicht an den Galgen gehängt“, sagte der Bursche und zeigte Maria stolz

seine rechte Hand, an der ein Finger fehlte. „Was?" rief Maria, „das ist ja schrecklich, furchtbar, grauenhaft und echt krass ...!"
Und nach einer kurzen Pause setzte sie nach: „Wo gehen wir eigentlich hin?" „Zur Kirche auf den Swister Berg. Und dann weiter in den Süden", rief Gebhart zurück. „Zumindest bin ich immer noch auf dem Jakobsweg", dachte Maria, und döste wieder ein.
Mit einem Ruck kam der Karren zum Stehen und Maria lugte über den Rand. „Wir sind da!" rief Gebhard. Da wo eigentlich nur ein Turm sein sollte, standen Häuser und eine Kirche. „Komisch", dachte Maria und versuchte, vorsichtig aus dem Wagen zu steigen. Sie humpelte zum Gotteshaus und kniete sich neben Gebhart. „Vielleicht hilft es ja zu beten", überlegte sie: „Wenn's nicht hilft, schadet's ja nicht." Doch als sie zu den drei heiligen Frauen am Kirchenportal aufblickte, wurde ihr schwindlig und sie fiel hintenüber auf die Straße.
Als sie die Augen wieder öffnete, war es unter ihr eiskalt, der Boden hart, und es roch nach Wachs und Weihrauch. „Ruft einen Krankenwagen! Sie muss sich den Fuß gebrochen haben und hat wahrscheinlich auch eine Gehirnerschütterung", rief die Frau, die neben ihr am Boden hockte. Sie hielt Marias Hand und lächelte sie an.
„Keine Angst, wir holen Hilfe! Du bist über die Treppe der Heiligen Walburga gefallen." „Was für ein Glück", murmelte Maria und lachte unter Schmerzen. „Ich lebe gar nicht im Mittelalter!" Erleichtert lächelte sie der Frau zu und seufzte: „Keine Pest, kein vogelfrei, keine Galgen, kein Fingerabhacken ..."
Die Frau schüttelte den Kopf: „Mensch, dich hat's ja ordentlich erwischt, Mädchen", lachte sie. Gemeinsam warteten sie, bis die Sanitäter kamen. Maria konnte noch am selben Tag nach Hause. Vom Pilgern hatte sie erstmal genug. Das Beten würde sie beibehalten, vielleicht hilft es ja doch manchmal ... Und euch können wir nur eins raten: Gebt gut acht auf der steilen Treppe hinauf zu den Heiligtümern der Walburga.

Tour 7

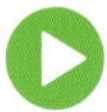
Startpunkt

Zwischenziele

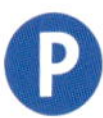
Parkplatz

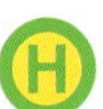
Haltestelle

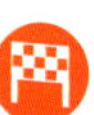
Zielpunkt

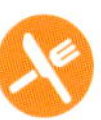
Gastronomie

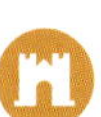
Sehenswürdigkeit

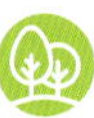
Naturerlebnis

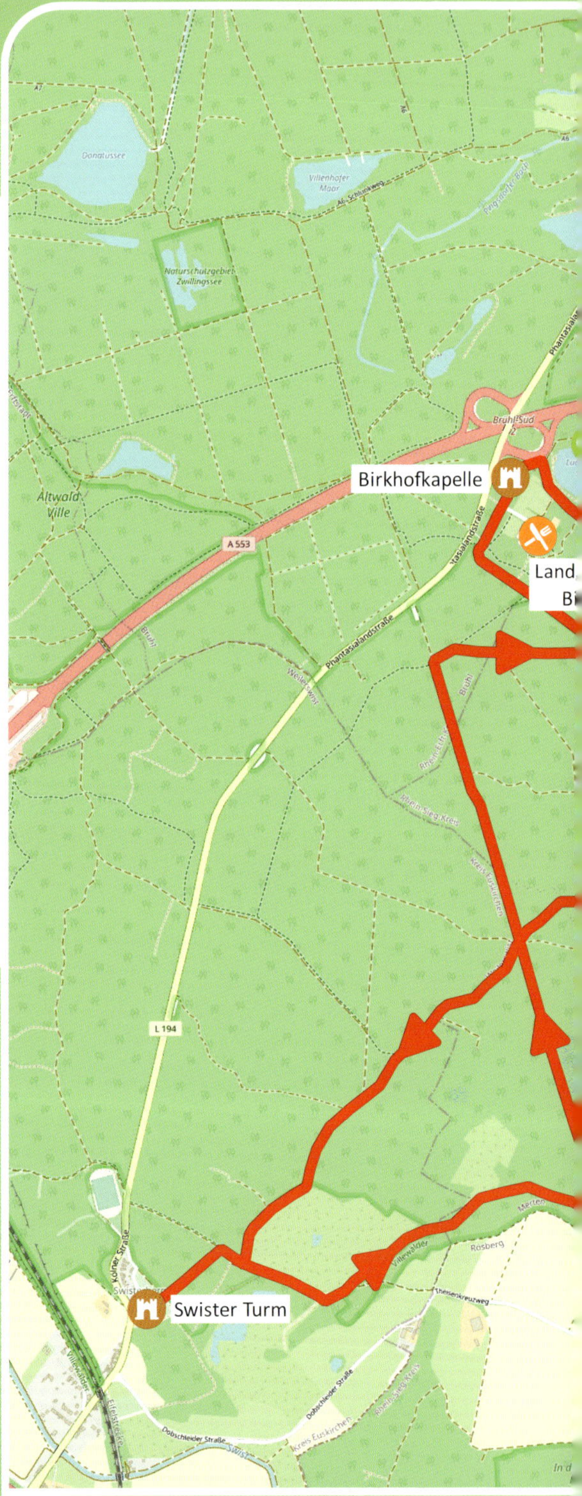

Birkhofkapelle

Swister Turm

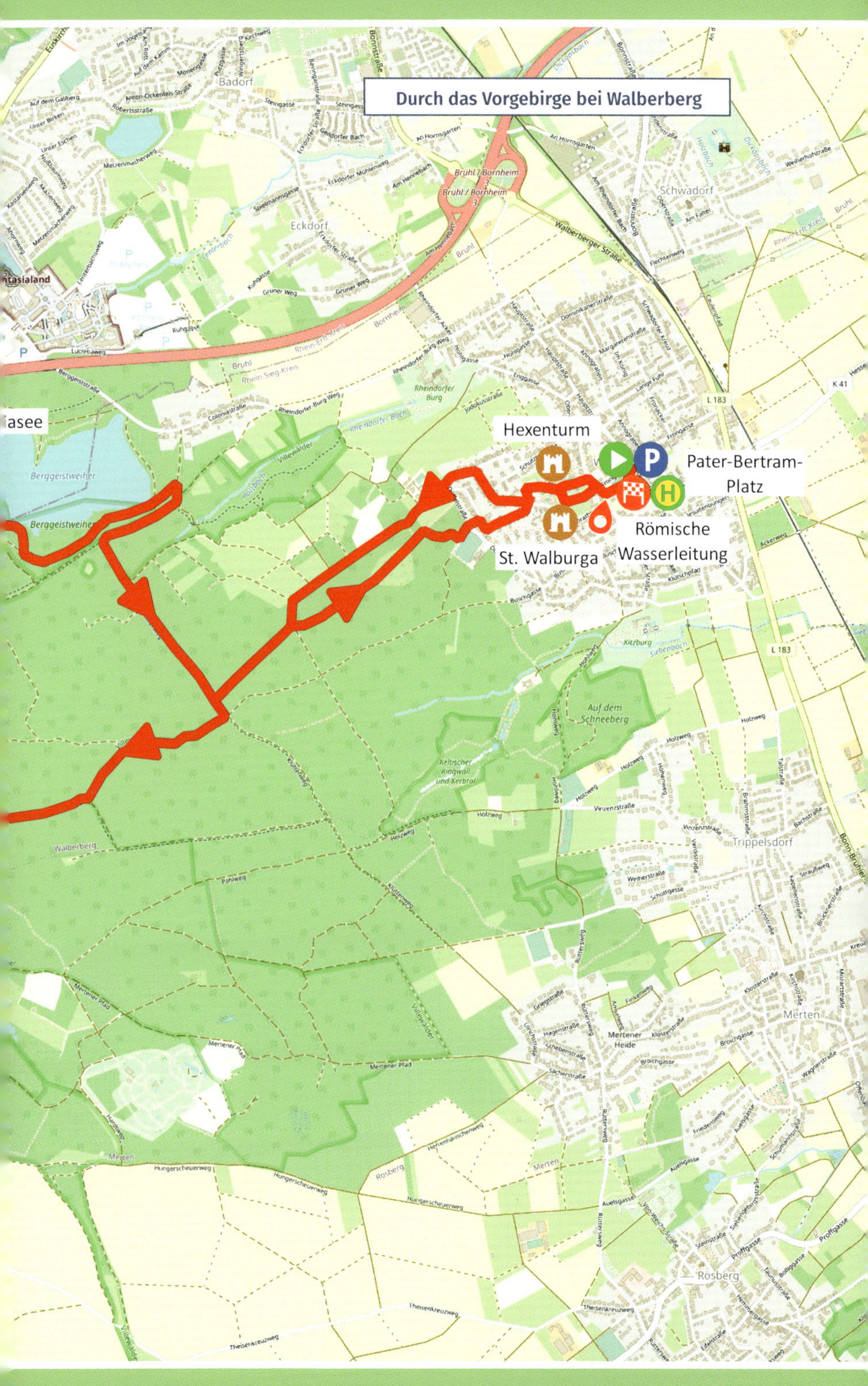

Durch das Vorgebirge bei Walberberg
Hexenturm
Pater-Bertram-Platz
St. Walburga
Römische Wasserleitung

Hausberg-Wanderung

Auf Kreuzberg und Venusberg in Bonn

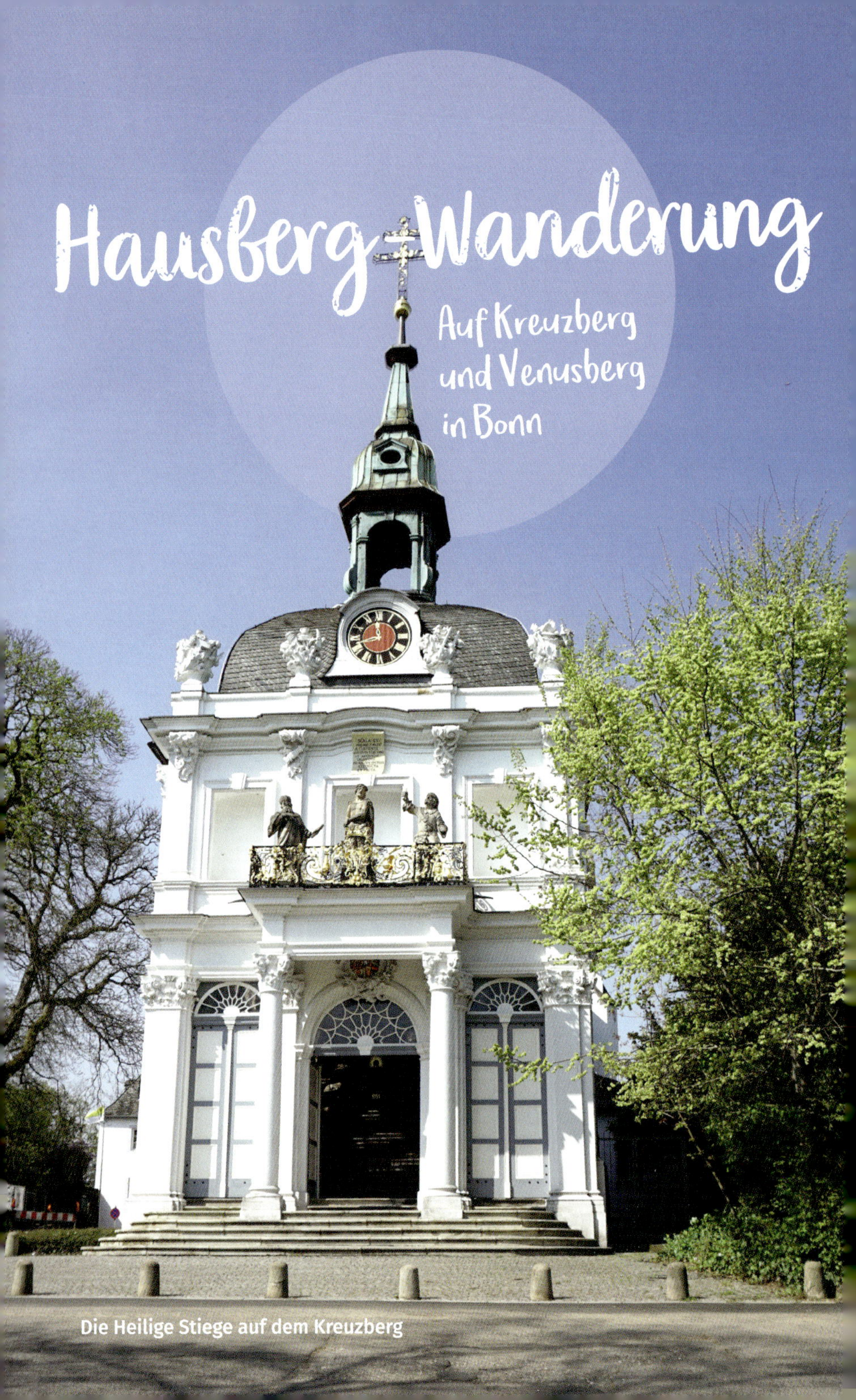

Die Heilige Stiege auf dem Kreuzberg

Wer heute nach Bonn kommt, stellt sich diese Frage unweigerlich: Wie konnte diese kleine beschauliche Stadt je Bundeshauptstadt werden? Die Bonnerinnen und Bonner nannten ihre Stadt stets liebevoll-ironisch „Bundesdorf" – dabei hätten sie allen Grund, sich auf ihre Vergangenheit ähnlich viel einzubilden wie ihre nördlichen Nachbarn in Köln. Denn die Stadt wurde nicht erst in römischer Zeit gegründet, sondern auf dem Gebiet rund um das Münster ist eine keltische Siedlung belegt. Schon in dieser Zeit wird mit Sicherheit der Hausberg Bonns, der Venusberg, eine Rolle als Kult- und Siedlungsort gehabt haben. Was hat Bonn, das Köln nicht hat? Diese Frage lässt sich leicht beantworten und das Wandererherz höherschlagen: Bonn hat Berge. Und auf die, die der Stadt am nächsten liegen, führt diese Runde.

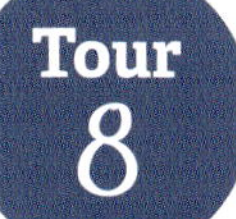

3:15 Std.

11 km

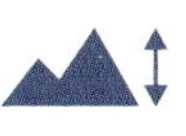
167 m

Start/Ziel: Hauptbahnhof Bonn, Rückseite Quantiusstraße
Wegbeschaffenheit: asphaltierte Straßen und Wege wechseln sich mit Waldwegen ab
Parken: diverse kostenpflichtige Parkplätze in der Innenstadt, kostenlose Parkplätze auf dem Kreuzberg, Kreuzbergallee 21, oder am Friedhof, Servitenweg
Anreise mit ÖPNV: Hauptbahnhof und Busbahnhof Bonn

Wegbeschreibung: Unsere Tour beginnt an der Haltestelle Quantiusstraße an der Rückseite des Bonner Hauptbahnhofs. Wir gehen die Quantiusstraße entlang, bis wir an die Poppelsdorfer Allee kommen. Dort biegen wir rechts in diese ein und folgen ihr immer geradeaus – auch über eine Straße hinweg – und halten immer auf das Schloss zu. Davor überqueren wir den Wassergraben. Auf der linken Seite befindet sich nun der Eingang zum Botanischen Garten und vor uns das Poppelsdorfer Schloss. An diesem gehen wir rechts weiter, bis wir auf die Straße kommen. Dort biegen wir links in die Meckenheimer Allee ab. Der Schlosspark kann im Zuge eines Besuchs im Botanischen Garten besichtigt werden. Das Schloss selbst beherbergt die mineralogische Sammlung der Universität.

Wir gehen geradeaus, queren eine Straße und wandern auf der Clemens-August-Straße durch Poppelsdorf, bis die Straße sich verengt und rechts der Wallfahrtsweg bergauf führt. Wir folgen dem Schild Richtung Kreuzbergkirche und Poppelsdorfer Friedhof. Wo die Straße an einer Gärtnerei in einen Weg mündet, dort nehmen wir den rechten der beiden Wege, den Stationsweg. Dieser Pfad führt uns entlang des Friedhofs durch den Wald, bis wir an die Kreuzkirche gelangen.

Auf dem Kreuzberg angekommen, gibt es die ersten Ausblicke auf Bonn. Wir setzen unseren Weg fort: an der Kirche vorbei immer auf selber Höhe dem Stationsweg entlang über den Kreuzberg. Gegen-

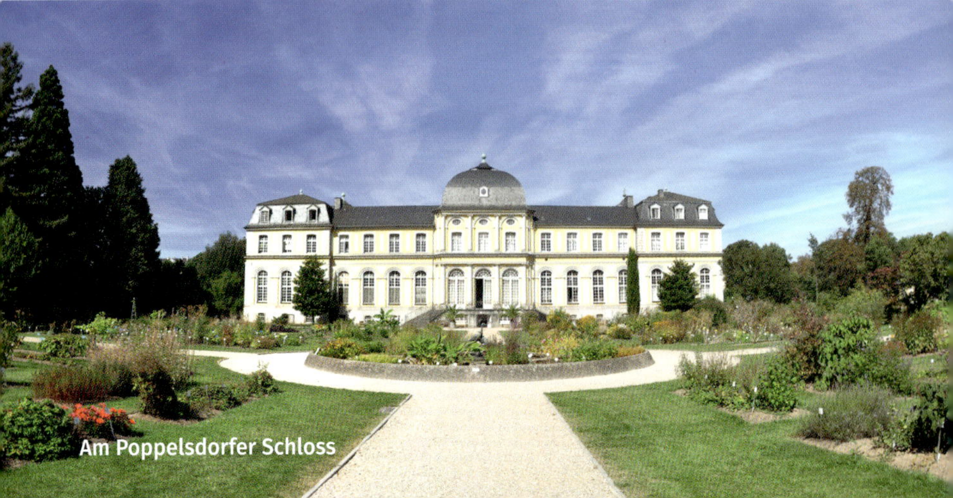

Am Poppelsdorfer Schloss

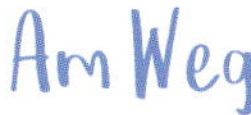

Der Kreuzberg

158 Meter über der Stadt liegt die Kreuzbergkirche, unterhalb erstreckt sich der Stadtteil Poppelsdorf mit seinen alten Villen, Anwesen, Grünflächen, dem botanischen Garten und dem Barockschloss. Seinen Namen bekam der Berg aufgrund der Verehrung des Heiligen Kreuzes, einem Anbetungskult aus dem 15. Jahrhundert. Im Jahr 1429 sollen 50.000 Menschen zum Fest des Heiligen Antonius von Padua zur Kapelle gepilgert sein. An klaren Tagen hat man einen spektakulären Blick in den Norden: zum Kölner Dom und Fernmeldeturm.

Die Kirche wurde 1627 im Auftrag von Kurfürst Erzbischof Ferdinand von Köln erbaut. Erst 120 Jahre später kam die Heilige Stiege – ein Nachbau der Santa Scala in Rom – als eigener Bau hinzu. Immer noch ist dieser Pilgerort karfreitags und karsamstags geöffnet: Es war der Brauch, dass Pilger die Stufen auf Knien rutschend erklommen – ob sie das heute noch tun?

über sehen wir schon den Venusberg, der durch den Mast gut gekennzeichnet ist. Am Ende der Straße erreichen wir die Ippendorfer Allee, die wir überqueren und nach rechts weitergehen. Wir folgen der Straße, bis wir an einen Friedhof kommen: In diesen biegen wir links ein. Vorbei an der Kapelle führen uns die Treppen hinunter ins Melbtal.

Dort angekommen, halten wir uns gleich rechts und biegen auf den schmalen Pfad, der rechts des kleinen Baches entlangführt. Dieser Weg wird von der Stadt Bonn nicht gepflegt, deshalb sind an manchen Stellen die Holzbretter der kleinen Brücken etwas brüchig. Vorsicht mit Kindern und Hunden! Sollte dieser Pfad gesperrt sein, kann man den Parallelweg nehmen, der etwas oberhalb entlangführt.

Wir folgen dem lieblichen Pfad entlang des idyllischen Melbtals. Bei einer Abzweigung halten wir uns weiterhin rechts. Wir kommen an eine kleine Brücke, überqueren diese und wenden uns dann nach links. Dort, wo von links ein Weg kommt, gehen wir geradeaus weiter. Dem Gebäude des Sportplatzes gegenüber biegen wir rechts in einen Waldpfad ein. Wir halten uns immer auf dem Hauptpfad, bis sich der Weg gabelt, und dort gehen wir links. Wo der Waldweg auf einen asphaltieren Weg trifft, halten wir uns rechts. Wir überqueren die Straße, kommen an die Auferstehungskirche und gehen an dieser rechts vorbei auf den Pfad. An der Straße biegen wir links in den Waldauweg ein und gehen geradeaus, bis rechterhand die moderne Heiliggeist-Kirche auftaucht.

Wir überqueren die Straße und gehen geradeaus in den Fuß- und Radweg. Entlang des parkähnlichen Grünstücks erreichen wir linkerhand einen schön gelegenen Kinderspielplatz. Dort, wo der Weg wieder auf eine Straße trifft, biegen wir nach links ab, wechseln die Straßenseite, und bei der nächsten Möglichkeit biegen wir nach rechts auf den Haager Weg. An seinem Ende überqueren wir die Straße und gehen geradeaus auf den Pfad in den Wald. Wir kommen an eine sternförmige Kreuzung und nehmen den mittleren Weg, geradeaus weiter.

Am Weg

Der Venusberg

2015 ereignete sich ein sensationeller archäologischer Fund: Eine jungsteinzeitliche Wallanlage wurde am Venusberg entdeckt. Das Besondere daran: Es sind die einzigen baulichen Zeugnisse der Michelsberger Kultur in Nordrhein-Westfalen; selbst deutschlandweit sind nur wenige Spuren dieser jungsteinzeitlichen Kultur zu finden – ihr Siedlungsgebiet reichte von der Bretagne bis ans Schwarze Meer.

4000 v. Chr. könnte hier eine mit Palisaden gekrönte Wall- und Grabenanlage gewesen sein, die sich über 15 Hektar erstreckte. Leider wissen die Historiker nur sehr wenig über die Nutzung dieser Baulichkeiten – ob sie zum Schutz der Bevölkerung, zur Sicherung der Güter, als Pferch für Rinder oder als rituelle Anlagen gebaut wurden, ist unklar.

Im Zweiten Weltkrieg waren auf dem Venusberg Kasernen errichtet worden, die danach als Universitätsklinikum genutzt wurden. Heute sind die alten Gebäude durch moderne ersetzt. Weithin sichtbar befindet sich seit 1984 der Sendemast des WDR auf dem Göttinnenberg.

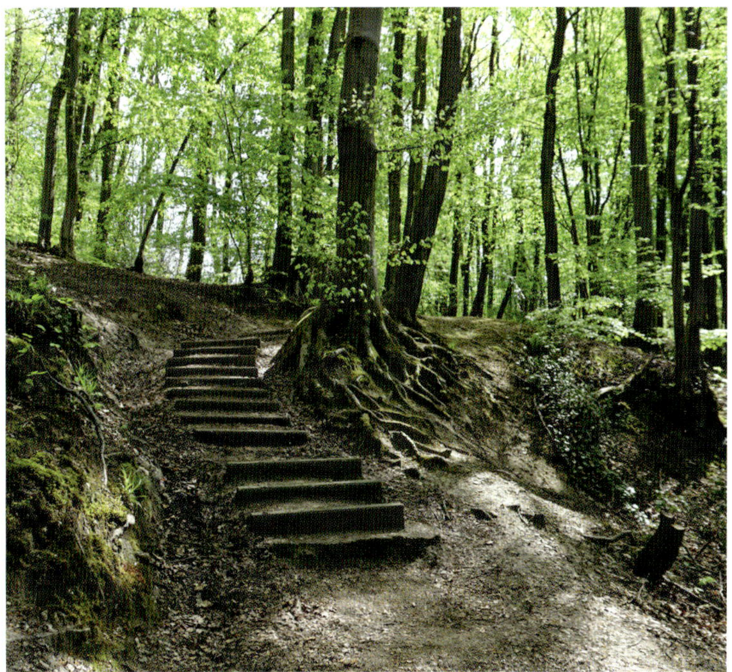

Im Melbtal zwischen Kreuz- und Venusberg

Rechts von uns fällt das Gelände immer mehr ab, und wir gehen ein Stück an der Bergkante des Venusbergs entlang.
Beim Aussichtspunkt Casselsruhe befindet sich das Dorint Hotel Venusberg – sehr schön gelegen im Wald, mit dem Restaurant Basilico. Von der Casselsruhe genießen wir einen Ausblick ins Siebengebirge. An einer Abzweigung, die rechts nach unten führt, bleiben wir geradeaus auf dem Hauptweg. Wir gelangen an ein idyllisch gelegenes Kaiser-Wilhelm-Denkmal und an die Straße, biegen rechts ab und nehmen dann die zweite Abzweigung nach links, gekennzeichnet mit dem E des Eifelvereins. Nun folgen wir immer diesem Waldpfad, queren zweimal einen asphaltierten Weg und bleiben geradeaus. Bei der nächsten Abzweigung biegen wir rechts auf einen Pfad und verlassen das E. An einer Bank im Wald gehen wir rechts vorbei über den Waldhang hinunter. Wir halten uns immer geradeaus – entlang eines Zaunes führt der Pfad bergab.

Wir nähern uns wieder der Stadt, bleiben auf dem Pfad und kommen an ein Gebäude des Marienhospitals Bonn. Dort mündet der Pfad in einen größeren Weg, und wir halten uns zuerst links. Dort wo ein Pfad nach rechts bergab abzweigt, folgen wir diesem in Richtung Straße.

Vorsichtig überqueren wir die an dieser Stelle schwer einsehbare Straße und gehen weiter bis zur nächsten Kreuzung, wo wir gegenüber die Treppe hinuntersteigen und wieder in den Stadtteil Poppelsdorf gelangen. Die nächste große Straße überqueren wir und gehen geradeaus weiter in die Argelanderstraße. An der nächsten Möglichkeit biegen wir links ab in die Bennauerstraße, folgen dieser durch ein Villenviertel und biegen am Ende nach rechts in den Jagdweg. An seinem Ende überqueren wir die Straße und gehen nach links in die Reuterstraße. An der nächsten Kreuzung biegen wir nach rechts in den Venusbergweg ab. Immer entlang des Botanischen Gartens geht es weiter, bis wir wieder an den Wassergraben kommen. Dort biegen wir links in den Weg und an seinem Ende wieder rechts in die Poppelsdorfer Allee ein. Diesmal gehen wir auf der rechten Seite, überqueren die Straße und erreichen wieder die Quantiusstraße.

Wer noch einen Abstecher zum Bonner Münster machen möchte, geht geradeaus durch die Unterführung und quert den Kaiserplatz. Am Kaiserbrunnen überqueren wir die Straße und biegen nach links und gehen schon auf das Bonner Münster zu. Am Münster rechts vorbei gehen wir über den Münsterplatz und biegen links in die Poststraße. Diese führt uns wieder zu unserem Ausgangspunkt, dem Hauptbahnhof Bonn, zurück.

Gastronomie

Diverse rund um die Poppelsdorfer Allee und in der Bonner Innenstadt

Restaurant Basilico im Dorint-Hotel auf dem Venusberg, An der Casselsruhe 1, 53127 Bonn, Telefon 0228/288-0, www.hotel-bonn.dorint.com/de/

Warum der Venusberg in Bonn so heißt wie die Göttin der Liebe

Bonn – mit seiner Mischung aus Urbanität und Natur, seiner Lage am Rhein und der Nähe zum Siebengebirge – ist eine wahrhaft magische Stadt. Und mitten drinnen zwei Berge: der Kreuzberg und der Venusberg. Neben der römischen Göttin der Liebe, der wir unsere Geschichte widmen, begegnen uns hier, wie überall im Rheinland, drei weitere Göttinnen: die Matronen, die für Fruchtbarkeit, Segen und Schutz stehen. Eine den drei Frauen gewidmete Opfer- und Weihetafel aus römischer Zeit wurde im Bonner Münster gefunden – die Göttinnen der Kelten auf einer römischen Kulttafel im christlichen Gotteshaus. Fruchtbarkeit, Segen, Schutz und Liebe: Davon handelt folgende Geschichte.

Es war einmal ein sehr unglücklicher junger Mann. Er war nicht geschaffen Thronfolger zu sein: Er war zu feinfühlig und zu sensibel. Aber das durfte er nicht zeigen, denn schließlich wurde er ausgebildet, um ein Heerführer zu werden. Wie sehr versuchte er sich in dieser Rolle! Doch sein zartes Gesicht, die strahlenden roten Haare und die hochgewachsene, feingliedrige Gestalt sprachen eine andere Sprache.
Sein Vater übersah das geflissentlich. Also fügte sich der Sohn in sein Schicksal und wurde zum Kämpfer und Soldaten, doch in seinem Herzen waren nur Liebe und Mitgefühl. Dann kam es, wie es kommen musste: Am Venusberg, der damals noch Fennberg hieß, sollte er seinen Mut unter Beweis stellen und gegen seinen engsten Kameraden kämpfen. Da er mittlerweile stark und wendig geworden war, besiegte er seinen treuen Freund im Handumdrehen. Als dieser am Boden lag, hob er das Schwert an dessen Brust – mehr zum Scherz, als um seinen Sieg zu markieren.

„Zeig, dass du stark genug bist, ein Heer zu führen: Töte deinen Feind“, schrie der Vater und trat zu seinem Sohn. Unser junger Kämpfer war außer sich, hatte er doch einen treuen Kameraden unter seiner Klinge liegen. „Das werde ich niemals tun, Vater“, rief er, nahm die Schwertspitze von der Brust des Freundes und trat einen Schritt zurück. „Du widersprichst mir“, wütete der Vater. „Weißt du nicht, dass du ohne mich nichts bist?“

Er schaute seinem Sohn in die Augen, und dieser erwiderte seinen Blick. Dann wandte sich der junge Mann ab, und sprach aus reinem Herzen: „Dann möchte ich lieber nichts sein, als einen unschuldigen Mann zu töten, der mein Kamerad ist.“ Drehte sich um und ging davon. „Dann bist du nicht mehr mein Sohn! Verschwinde“, spie der Vater aus. Der junge Mann ging zum Schloss zurück, verabschiedete sich von seiner weinenden Mutter und verließ sein Zuhause. Alle wussten: Wenn er ginge, dann würde die gute Seele des Reiches vergehen. Und so geschah es: Kaum war er über die Grenze, fiel das gesamte Gebiet in Armut und Not. Es regnete unaufhörlich, die Sonne versteckte sich hinter den Wolken. Der König wurde krank, und die Königin lag aus Trauer um ihren Sohn nur noch im Bett. Die Menschen hungerten, und das ganz Reich versank in Kummer und Chaos.

Im Himmel aber, dort wo die Götter saßen, gab es eine Göttin, die sich schon vor einiger Zeit in den sensiblen und doch starken jungen Mann verliebt hatte.

„Du darfst in das Schicksal der Menschen nicht eingreifen“, warnte ihre Mutter. Doch für Venus, die Göttin der Liebe, gab es kein Halten. Sie stahl sich aus dem Götterhimmel auf die Erde, tarnte sich hinter der Erscheinung einer alten, gebrechlichen Frau und trat so dem jungen Mann in den Weg. Dieser ahnte allerdings nichts von alledem – „Was ist dir, gute Frau? Brauchst du Hilfe?“ „Ich bin müde und habe mich im Wald verlaufen“, krächzte die Göttin: „Kannst du mir helfen?“ Ohne nachzudenken griff der Jüngling der armen Bettlerin unter die Arme und stütze sie.

Da spürte sie, dass er wahrlich ein gutes Herz hatte und wollte ihm gerade ihre wahre Gestalt offenbaren, als ein greller Blitz vom Himmel zuckte und auf die Erde fuhr. Und mit ihm der Himmelsvater Zeus. „Auseinander! Sofort!“ brüllte er unnötig laut. Der junge Mann blickte von der plötzlich liebreizenden jungen Frau in seinen Armen zu dem wild gewordenen Himmelsgott. Genau in diesem Moment färbte sich der Himmel tiefrot und Hera die Himmelsmutter stand in ihrer Mitte. Mit nur einer Geste versenkte sie ihren Mann bis zum Kopf im Boden. Dann wandte sie sich an die beiden jungen Menschen: „Was wollt ihr?“ fragte sie und blickte ihrer Tochter in die Augen. „Ich möchte keinen anderen Mann als ihn, auch wenn ich dafür sterblich werden müsste“, erwiderte Venus und der junge Mann bekannte: „Auch wenn ich sterben müsste, um mit ihr zusammen bleiben zu können: Sie möge meine Gattin sein!“ Da hatte die Göttin ein Einsehen und entschied: „Jüngling, du wirst in deine Heimat zurückkehren, und ihr könnt auf dem Berg leben, der sich inmitten der Stadt erhebt. Dort dürft ihr gemeinsam sein – ein Sterblicher und die Göttin der Liebe!“
Und so kam es: Der Fürstensohn kehrte heim, wurde von seinem Vater versöhnlich und seiner Mutter liebevoll empfangen. Im ganzen Reich vergingen von diesem Tage an Chaos und Kummer, und in kürzester Zeit ward alles wieder in schönster Ordnung. Auf dem Fennberg wurde ein Schloss gebaut, mit Blick ins Siebengebirge:
Dort lebten die Liebenden glücklich. Einer starb, die andere lebte weiter und kehrte in den Götterhimmel zurück. Ihre Liebe aber überdauerte alles, und der Berg hieß von da an Venusberg.

Tour 8

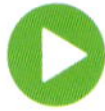 Startpunkt

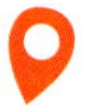 Zwischenziele

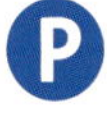 Parkplatz

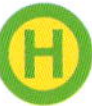 Haltestelle

 Zielpunkt

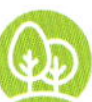 Naturerlebnis

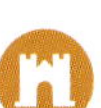 Sehenswürdigkeit

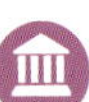 Kulturstätte

 Aussichtspunkt

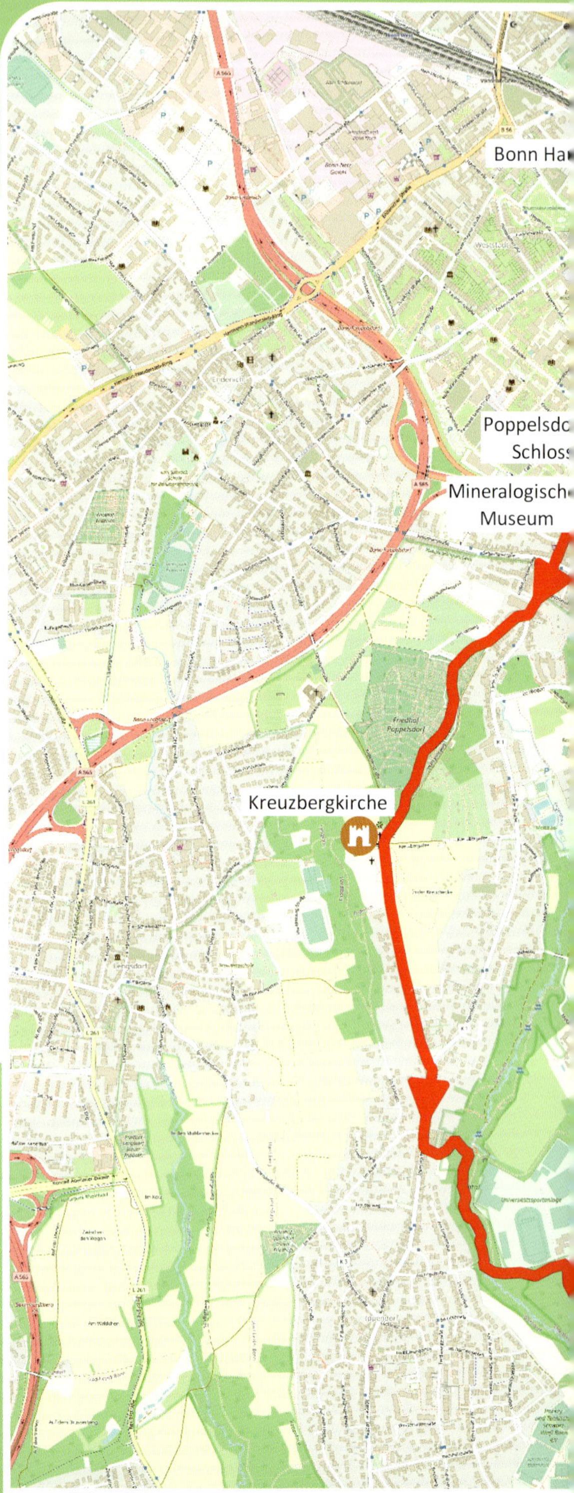

Bonn Ha
Poppelsdo
Schlos
Mineralogisch
Museum
Kreuzbergkirche

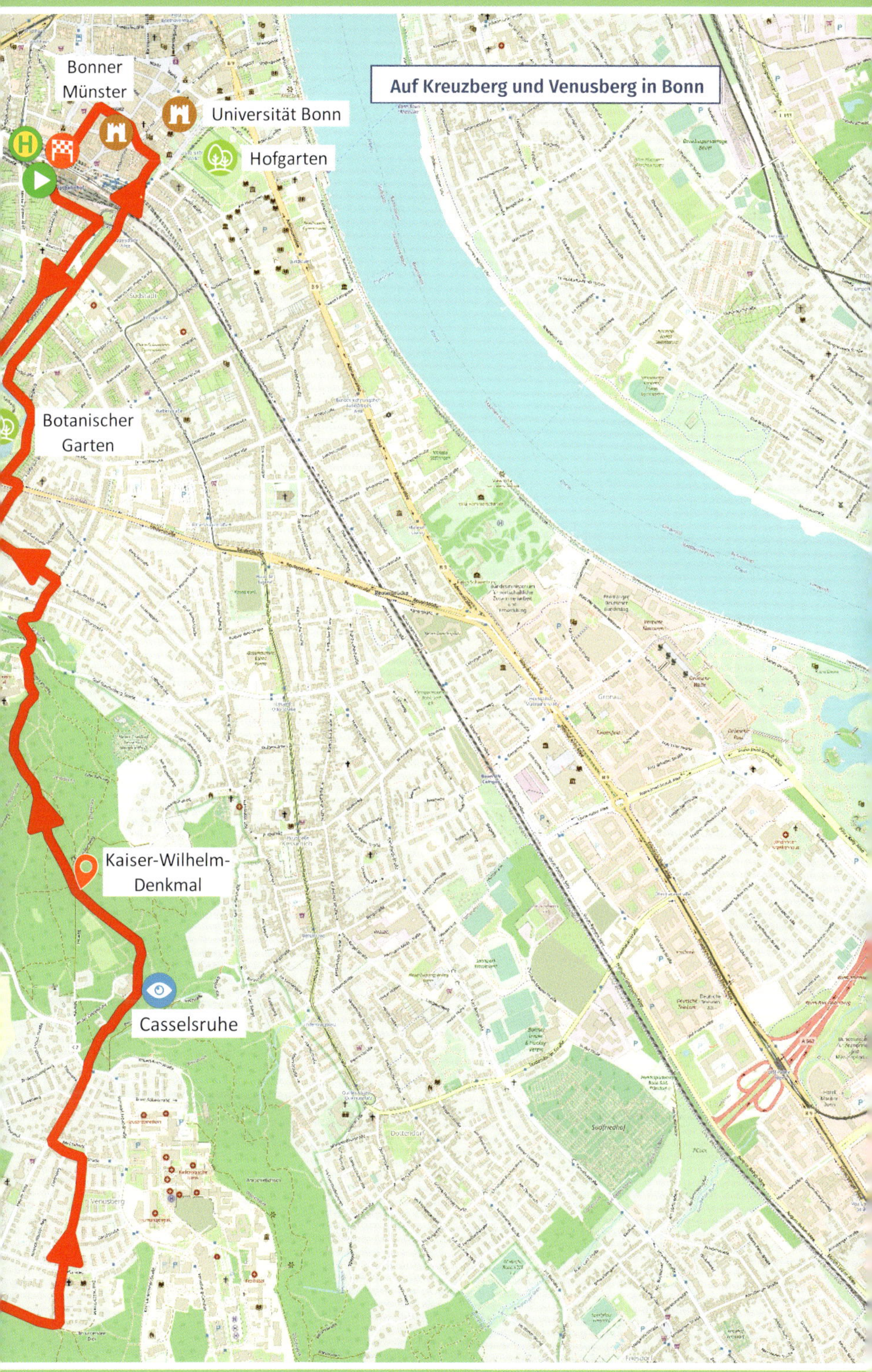

Auf Kreuzberg und Venusberg in Bonn
Bonner Münster
Universität Bonn
Hofgarten
Botanischer Garten
Kaiser-Wilhelm-Denkmal
Casselsruhe

Wasserland und üppiges Grün

Vom Rhein durch die Siegauen

In den Siegauen bei Mondorf

Diese Wanderung kann auf beiden Seiten des Rheins begonnen werden: Mondorf und das zu Bonn gehörende Dorf Graurheindorf sind schon seit ewigen Zeiten durch eine Fähre verbunden. Die Anfahrt per Schiff gehört also fast zu dieser Runde dazu. Zumindest ist sie stark geprägt vom Leben am Wasser: Fischerei, Schifffahrt, Fährleute – die Menschen hier an der Mündung der Sieg lebten immer schon von und mit diesem Element. Und mit dem Wasser rechnen muss man auch heute noch: Steigt es an, laufen die Auewiesen und Gräben voll und sind dann nur noch auf den Dämmen oder gar nicht mehr begehbar. Ansonsten führt diese Rundtour von der Mündung bis zur kleinen Siegfähre auf schönen, fast ebenen Wegen durch die wunderbare von den Flüssen geprägte Landschaft.

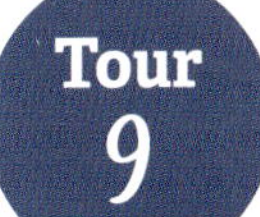

2:30 Std.

9,7 km

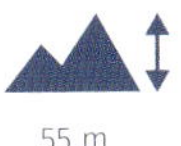
55 m

Start/Ziel: Fähranleger in Mondorf, Provinzialstraße, 53859 Niederkassel-Mondorf
Wegbeschaffenheit: überwiegend Naturpfade
Anreise mit ÖPNV: Mit der Fähre von Graurheindorf: Milchgasserweg, 53117 Bonn-Graurheindorf, www.rheinfaehre-mondorf.de
Bushaltestelle in Graurheindorf: Bonn Mondorfer Fähre (Linie 605)
Bushaltestelle in Mondorf: Ahrstraße (Linien 501, 550, 552)
Besonderheit: Bei Hochwasser ist diese Runde teilweise nicht begehbar

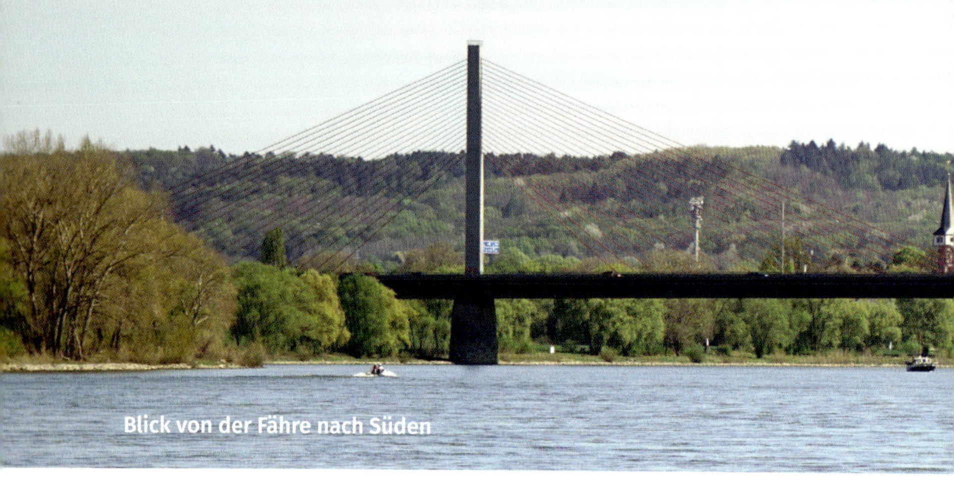
Blick von der Fähre nach Süden

Wegbeschreibung: Am Fähranleger in Mondorf beginnen wir diese Runde, indem wir zunächst rheinaufwärts und dann am Altarm der Sieg zum Sporthafen gehen. Das Hafenschlösschen kann uns dabei als zusätzlicher Orientierungspunkt dienen. Um das Hafenbecken gehen wir herum und nehmen erst den zweiten Weg, der nach links abzweigt. Wieder am Rhein wenden wir uns nach links und verlassen an der Siegmündung den breiten gepflasterten Weg nach rechts, um die Brücke zu überqueren. Gleich dahinter biegen wir links ab.

Bald weitet sich der Altarm, und auf der gegenüberliegenden Seite erkennt man ein dunkelrot verkleidetes Gebäude, das Fischereimuseum. An der nächsten Gabelung halten wir uns rechts und erreichen eine Kreuzung neben einer Straßenunterführung. Hier biegen wir rechts ab und verlassen bei nächster Gelegenheit den Asphaltweg nach rechts. Der nächsten echten Abzweigung folgen wir nach links.

Den von links kommenden asphaltierten Weg ignorieren wir und wandern weiter geradeaus. Dort, wo der Weg wie auf einen Deich hinaufführt, biegen wir etwa 150 Meter vor rot-weißen Pollern rechts ab und gehen hinunter in das Tal, natürlich nur, wenn in dem Altarm kein Wasser steht. Am „gegenüberliegenden Ufer" steigen wir wieder hinauf und folgen dem Pfad durch die Auen. An der T-Kreuzung zweigen wir nach links auf den breiteren Pfad ab, der uns bis zur Siegfähre leitet.

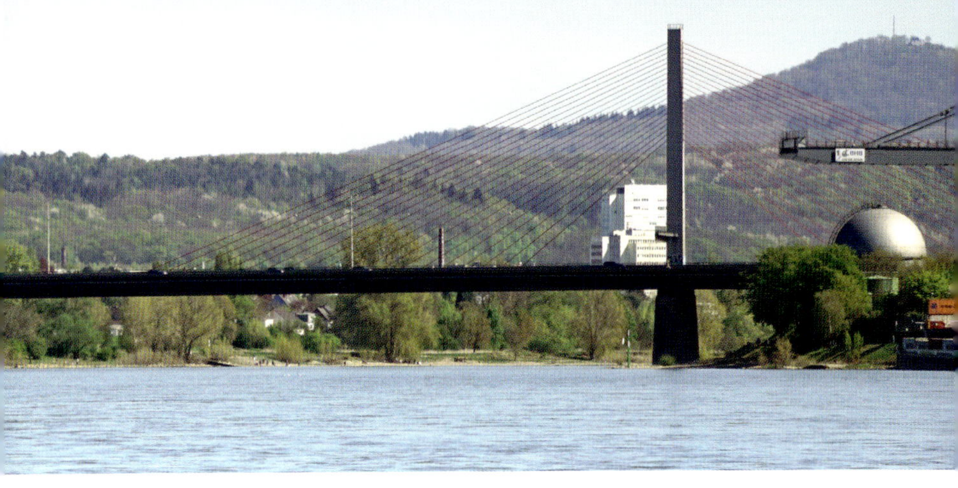

Am Weg

Berchemer Fahr – Siegfähre

Die Siegfähre ist eine sogenannte Gierfähre, das heißt, dass die Fähre an ein Drahtseil gespannt und über Rollen laufend hin und her fährt. Diese Art von Fähre wird von der Strömungskraft des Flusses angetrieben und mit einem Steuerruder von einer Seite zur anderen bewegt.

Die Bergheimer Fähre wurde 1777, als der Fluss erstmals reguliert wurde, genau an diesem Punkt installiert. Das Fährrecht hatte damals das Stift Vilich – sicher eine lukrative Einnahmequelle, wenn jeder seinen Obolus zahlte. Vor fast 250 Jahren wurden hier also bereits auf diese Weise Menschen über den Fluss gebracht.

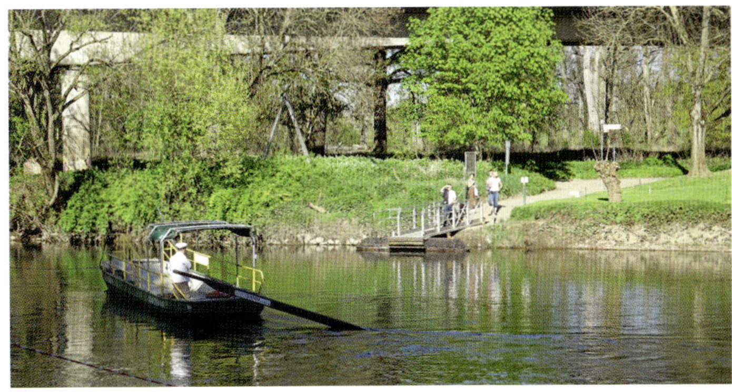

Am Weg

Die Rheinfähre bei Mondorf

Schon seit vielen Jahrhunderten gibt es zwischen Mondorf und Graurheindorf eine Fährverbindung geben – alte Dokumente und Karten können dies belegen. Dazu passend wird eine Geschichte erzählt: Vor hunderten Jahren rettete ein Mondorfer Fischer dem Sohn eines Landesherren das Leben. Ohne seine Hilfe wäre dieser im Rhein ertrunken. Die Dankbarkeit des Vaters war groß, und er übertrug dem Fischer das vererbbare Fährrecht über den Rhein. Anfangs waren es hölzerne Nachen – meist aus Eichenholz gebaute, längliche Kähne mit wenig Tiefgang, die gerudert oder gesegelt wurden.

Im Zuge der Industrialisierung wurde der Fährbetrieb auf Motoren umgestellt, und die Schiffe konnten von einer Familie allein nicht mehr finanziert werden. Deshalb wechselte die Fähre im 20. Jahrhundert mehrfach seine Besitzer. Als dann die Brücken über Rhein und Sieg gebaut wurden, schien das Aus der Mondorfer Fähre gekommen – doch noch heute fährt sie: Dank der Unterstützung privater Investoren gibt es die Verbindung zwischen Mondorf und Graurheindorf immer noch.

Weitere Informationen unter: www.rheinfaehre-mondorf.de

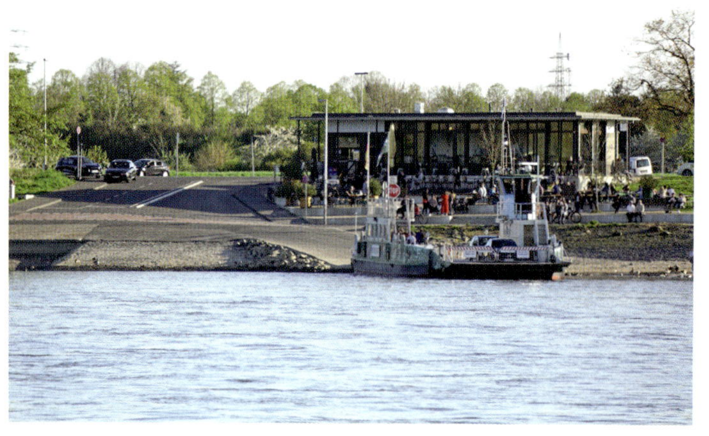

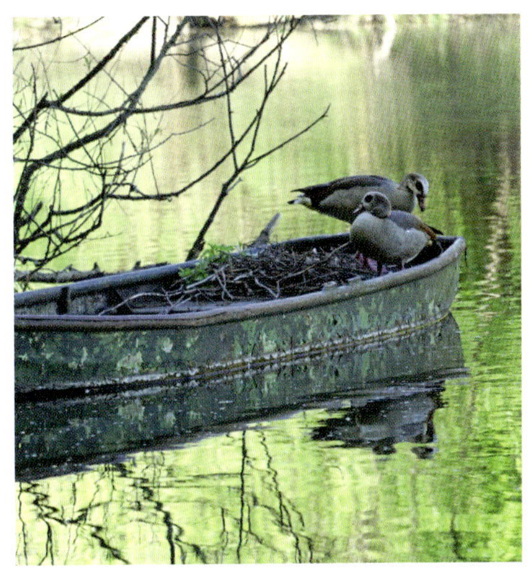
Gänse-Fähre

Dort folgen wir der Zufahrtstraße und biegen noch vor der Brücke scharf links ab ins Naherholungsgebiet Untere Sieg und wandern zunächst auf einem schmalen Asphaltweg. An den Pollern bleiben wir auf dem Deich, bis zur nächsten Barriere. Dort nehmen wir den Weg nach rechts, hinunter vom Deich. So gelangen wir wieder zu dem Asphaltweg, auf dem wir, nun rechts abgebogen, noch einmal zu der Straßenunterführung kommen. Dahinter biegen wir auf Höhe des Parkplatzes auf der Straße nach links ab Richtung Fischereimuseum. Oben halten wir uns immer so weit wie möglich links, überqueren eine Straße auf der Fußgängerbrücke und gehen dahinter geradeaus.
So erreichen wir das an Wochenenden geöffnete Fischereimuseum und biegen dahinter nach rechts ab. Schließlich gelangen wir an eine kleine Straße, wo wir links hinunter gehen zum Hafen, um von dort auf gleichem Weg zurück zur Fähre zu gelangen.

Gastronomie

Hafenschlösschen, Rheinallee 1, 53859 Niederkassel-Mondorf, Telefon 0228/452347, www.hafenschloesschen.de
Zum Bootshaus, Nachtigallenweg 37, 53844 Troisdorf-Bergheim, Telefon 0228/18086859, www.zum-bootshaus-bergheim.de
Zur Siegfähre, Zur Siegfähre 7, 53844 Troisdorf-Bergheim, Telefon 0228/475547, www.siegfaehre.de
Diverse in Mondorf in der Nähe des Anlegers

Der Fährmann bei Mondorf

Geschichten und Legenden von Fährmännern wurden immer schon erzählt – und sie waren immer schon besonders. In vielen Kulturen waren sie verknüpft mit den religiösen Erzählungen der Menschen von der Fahrt ins Jenseits. Im alten Ägypten war es der Nil, auf dem die Totenfähre fuhr, bei den Griechen der Styx und bei den Kelten vielleicht der Rhein. Denn auch sie glaubten, dass die Seelen nach dem Tod über das Wasser in die Anderswelt gelangen. Deshalb waren die Geschichten der Fährmänner auch immer verbunden mit der Zahlung eines Obolus – dem Fährgeld, um die Fahrt ins Jenseits zu bezahlen und sicher zu sein, dass die Seele dort ankommen wird.

In Mondorf gibt es seit Hunderten von Jahren eine Fähre über den Rhein, um die sich viele Legenden ranken. Davon inspiriert ist auch folgende Geschichte:

Es wird erzählt, dass es bei Mondorf immer schon eine Fähre über den Rhein gegeben haben soll – ganz früher, als es noch keine Dampfschiffe gab und überhaupt noch nicht so viele Schiffe auf den großen Flüssen unterwegs waren, weil es noch nicht so viel zu transportieren gab. In dieser Zeit passierte etwas Seltsames, ja, schon fast Gruseliges in Mondorf:
An einem Tag, es war der letzte Tag im Oktober, kam eine Frau zur Fähre. Sie war in einen dunklen Wollmantel gehüllt und ihr Gesicht fast zur Gänze von einer Kapuze bedeckt. Der junge Fährmann hatte es eilig und wollte nach Hause. Den ganzen Tag war es schon nebelig und grau. Ihm war kalt vom Wind und der aufsteigenden Feuchtigkeit aus dem Fluss. Er zog seinen Mantel enger um sich und seinen Wollhut tief ins Gesicht. Die Frau winkte und rief: „Ich muss eiligst auf die andere Seite nach Mondorf, ich werde erwartet." „Na, mal immer mit der Ruhe, gute Frau!" antwortete der Fährmann, „Zuerst bezahlen!" Die Frau stecke ihre

Hände in die Manteltaschen und schaute den Fährmann verwirrt an: „Mein Geld." Sie suchte verzweifelt. „Ich habe es verloren!"

Der Fährmann war schon etwas genervt und fuhr die Frau an: „Jetzt mach, sonst fahr ich nicht nochmal hinüber!" Die Frau erstarrte, ihr Blick fiel auf ihre rechte Hand. Sie blickte den Fährmann an und dann zog sie mit einem tiefen Seufzer den goldenen Ring vom Finger. „Den kann ich dir als Pfand geben. Morgen bringe ich das Geld, und du gibst ihn mir zurück."

Der Fährmann staunte nicht schlecht, als ihm die fremde Frau den goldenen Ring in die Hand legte. Trotzdem nahm er ihn und steckte ihn in seine Manteltasche.

Endlich konnte die Fahrt beginnen. Der Nebel war in der Zwischenzeit so dicht geworden, dass man kaum die ausgestreckte Hand vor Augen sehen konnte. Das Wasser rauschte, das Boot kämpfte gegen die Strömung. Plötzlich sah der Fährmann ein kleines Lichtlein, das vor ihm auftauchte. Es flatterte wie ein winziges Vögelchen. Er versuchte sich nicht darauf zu konzentrieren, um nicht vom Weg abzukommen, doch das Lichtlein ließ ihm keine Ruhe. Es zappelte und flog und der Fährmann schaute sich nach der Frau um, doch er sah sie nicht. Plötzlich teilte sich der Nebel, und eine Insel mit üppigem Grün tauchte vor ihm auf. „Hoppla, was ist denn das?" rief der Fährmann. „Träume ich, oder bin ich schon tot?"

Mit einem Ruck fuhr das längliche Schiff auf das Ufer auf, und der Mann fiel vornüber auf die Knie. Da stand die Fremde hinter ihm und half ihm wieder auf die Füße. „Ich danke dir! Du hast mich auf die andere Seite gebracht. Rechtzeitig zu Samhain* bin ich auf der grünen Insel gelandet!" sagte sie dankbar.

Schon sprang sie aus dem Boot und warf ihren langen, dunklen Mantel auf die grüne Erde. Und da sah der Fährmann, dass es keine alte Frau war, die er mitgenommen hatte, sondern eine junge und schöne, fast wie eine Elfe. Und in dem Moment, als sie sich noch einmal zu ihm umdrehte, war die Insel wieder im Nebel verschwunden und das Fährboot wieder unterwegs auf dem breiten Fluss zwischen Graurheindorf und Mondorf.

Ihr könnt euch vorstellen, wie es unserem Fährmann erging: Er stand am Boot mit zittrigen Knien und schlotternden Gliedern. Doch das Schiff glitt wie von einem Seil gezogen durch das Wasser, und nur wenige Minuten später war er am Ufer in Mondorf angekommen. Da erst fiel ihm ein, dass er noch den goldenen Ring der Frau in seiner Manteltasche trug.

„Was mache ich mit deinem Ring?" entfuhr es ihm. Da vernahm er eine zarte Stimme: „Den darfst du behalten, Fährmann! Gib den Obolus deiner Frau, sie soll ihn hüten wie ihren Augapfel. Ich danke dir, dass du mich zu meinem Liebsten gebracht hast. Leb wohl!"

Er drehte sein Boot und fuhr zurück nach Graurheindorf, ohne Probleme verlief diesmal die Fahrt. Als er angekommen war und sein Boot für die Nacht gesichert hatte, zog er andächtig den Ring aus der Tasche und sah, was auf ihm geschrieben stand: Treue, Liebe, Wohlstand. Lächelnd und stolz kam er nach Hause zu seiner Frau und übergab ihr den goldenen Ring. „Ein Zeichen meiner Liebe zu dir", flüsterte er ihr ins Ohr. Und die junge Frau war so erstaunt über das Geschenk, dass sie vergaß den Eintopf umzurühren, und das Abendessen der beiden verbrannte im Kessel. Aber das machte nichts, denn das Paar war von diesem Tag an gesegnet mit Liebe und Wohlstand – und natürlich mit herzensfroher Treue. Und so lebten sie glücklich und fröhlich bis ans Ende ihrer Tage. Doch immer, wenn es nebelig war auf dem Rhein, dann dachte der Fährmann an die wunderschöne Frau. Und manchmal hatte er das Gefühl, dass er sie in den Auen an der Siegmündung herumlaufen sah, Arm in Arm mit ihrem Geliebten.

*Samhain ist das keltische Fest am 31. Oktober: Es wurde den Ahnen gedacht und der Beginn des neuen Jahres gefeiert. Heute feiern wir das christliche Allerheiligen und Allerseelen und das Geisterfest Halloween.

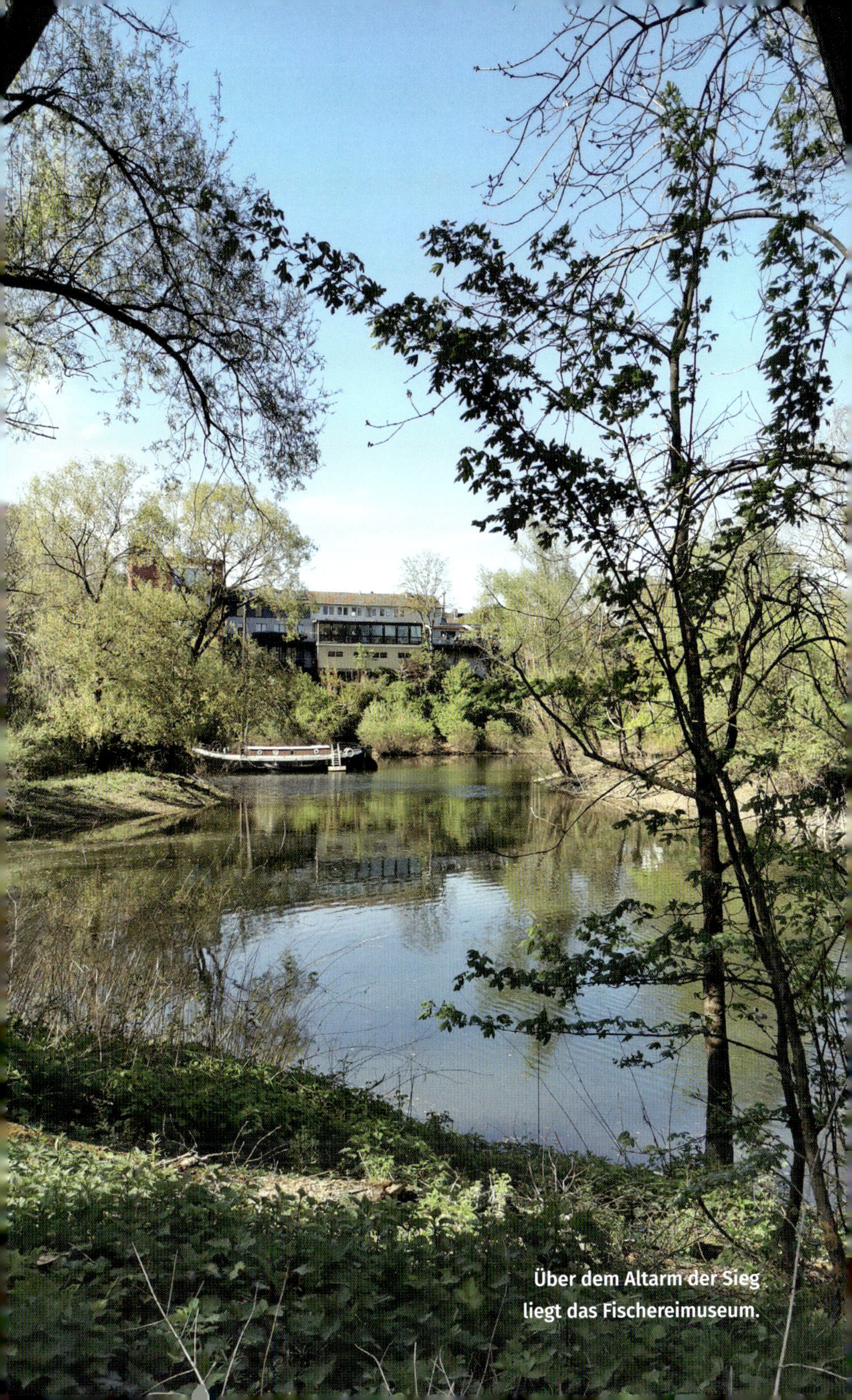

Über dem Altarm der Sieg
liegt das Fischereimuseum.

Tour 9

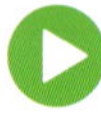
Startpunkt

Zwischenziele

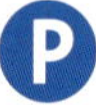
Parkplatz

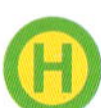
Haltestelle

Zielpunkt

Gastronomie

Fähre

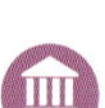
Kulturstätte

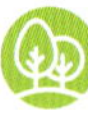
Naturerlebnis

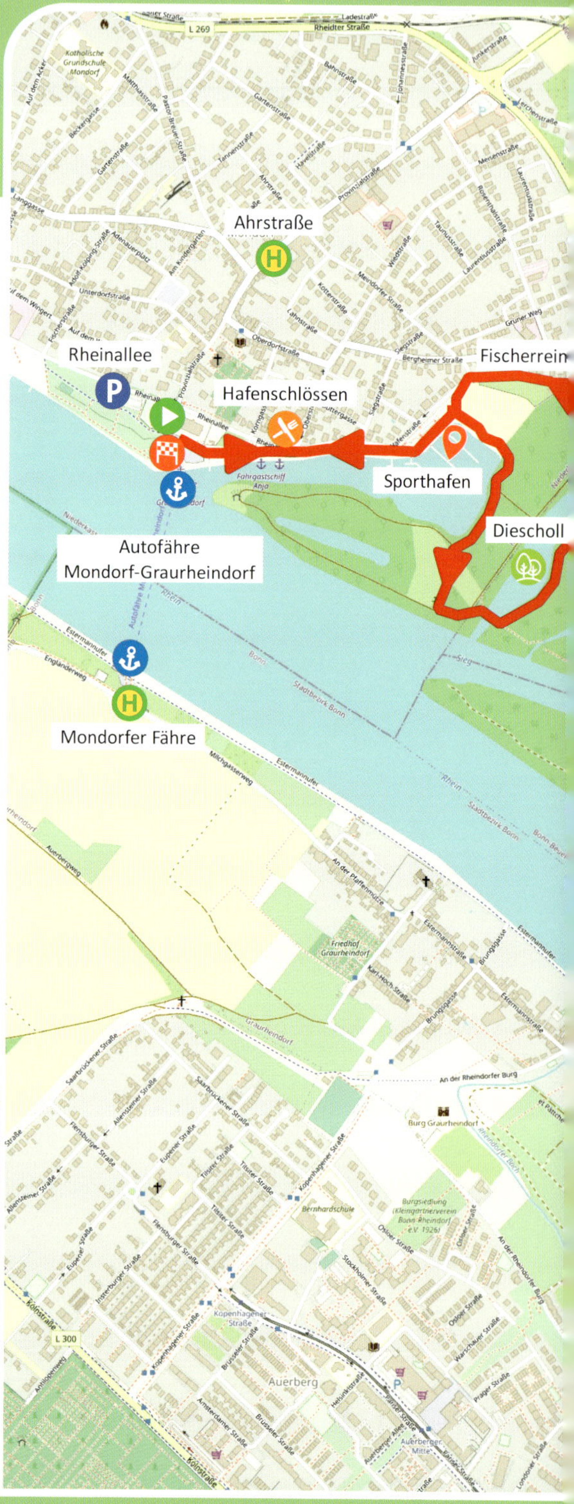

Ahrstraße

Rheinallee

Hafenschlössen

Fischerrein

Sporthafen

Diescholl

Autofähre Mondorf-Graurheindorf

Mondorfer Fähre

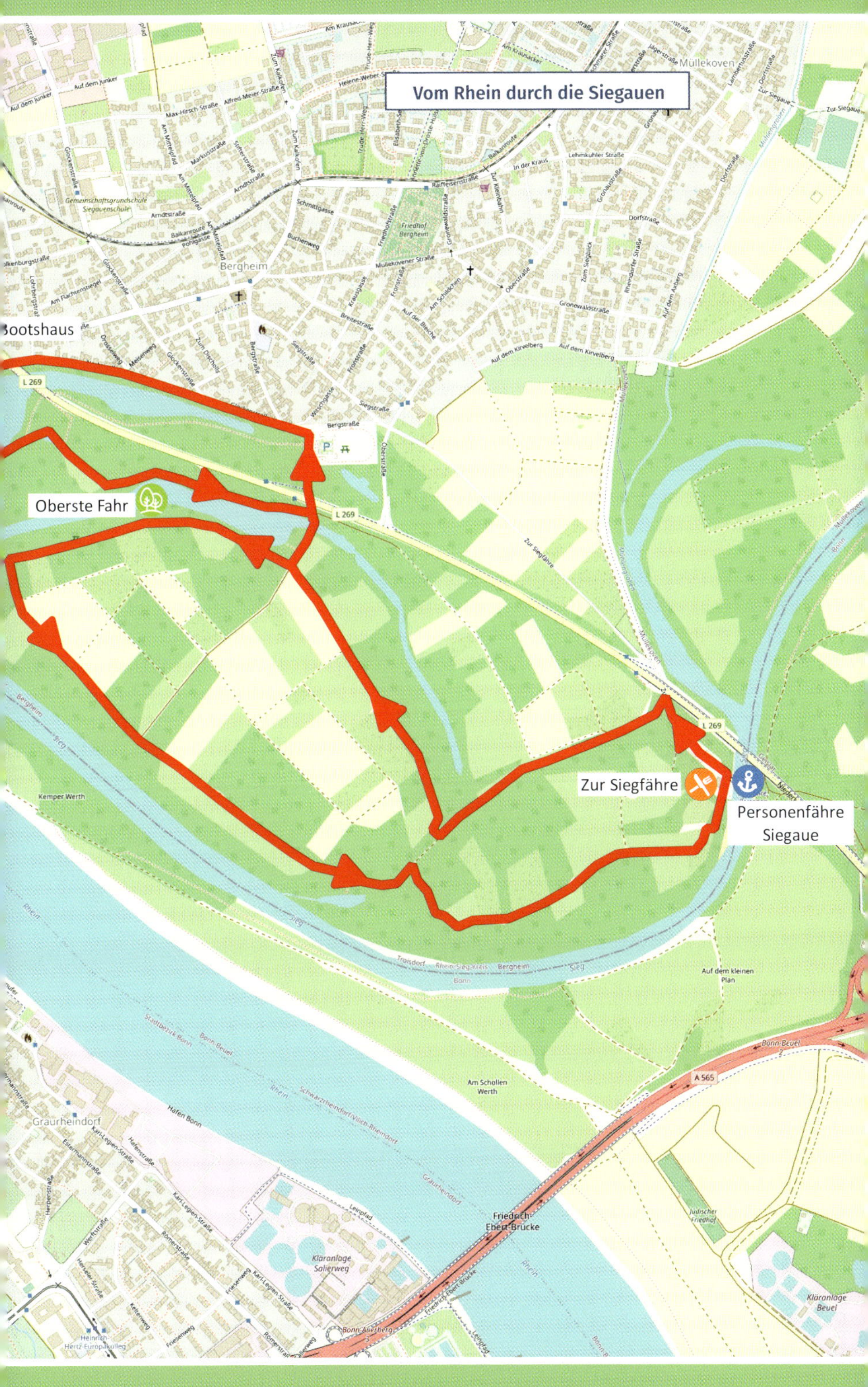
Vom Rhein durch die Siegauen
Bootshaus
Oberste Fahr
Zur Siegfähre
Personenfähre
Siegaue
Bergheim
Müllekoven
Graurheindorf
Friedrich-Ebert-Brücke
Kläranlage Salierweg
Kläranlage Beuel
Kemper Werth
Am Schollen Werth
Auf dem kleinen Plan
Rhein
Sieg
L 269
A 565

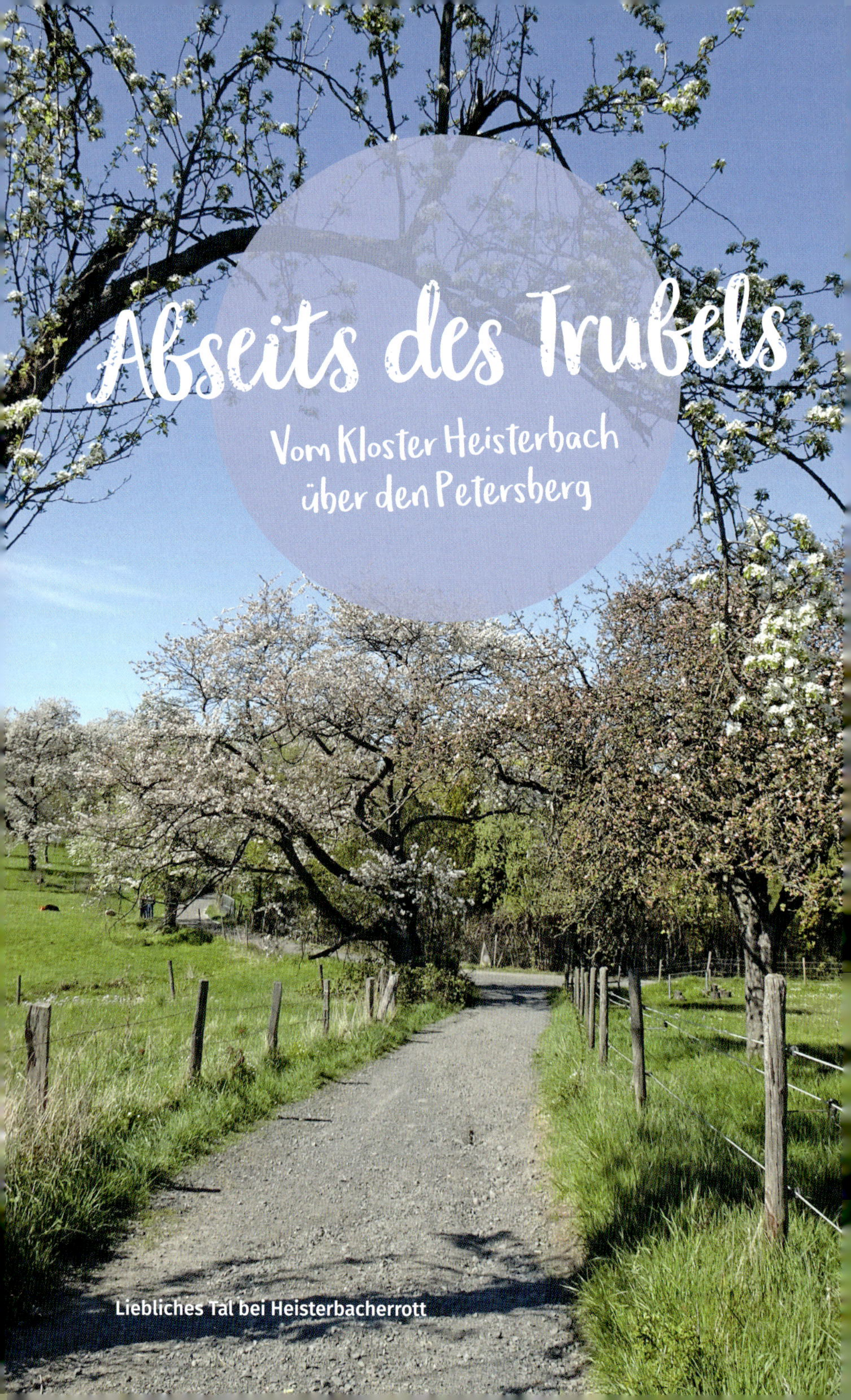

Abseits des Trubels

Vom Kloster Heisterbach über den Petersberg

Liebliches Tal bei Heisterbacherrott

Märchenhafter kann man kaum wandern als hier im Siebengebirge. Egal ob am Kloster Heisterbach, auf dem Petersberg, dem Nonnenstromberg, an der Ruine Rosenau oder im Tal oberhalb von Heisterbacherrott: Die Landschaft, der Wald und die lieblichen Wiesen, die Ausblicke zur Löwenburg und zum Drachenfels, zum Rhein und sogar bis zum Kölner Dom – all das ist so inspirierend und gleichzeitig so entspannend, dass man der Fantasie nur noch erlauben muss, sich zu entfalten und die tollsten Geschichten zu spinnen ... Eine wunderbar aussichtsreiche Rundwanderung durch das Siebengebirge!

Tour 10

3:30 Std.

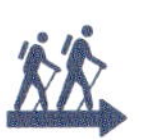

11 km

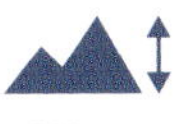

368 m

Start/Ziel: Parkplatz an der Klosterlandschaft Heisterbach, Heisterbacher Straße, 53639 Königswinter
Wegbeschaffenheit: gute Wald- und Wanderwege, kurze Strecken auf Waldpfaden, im Ort Asphalt
Anreise mit ÖPNV: Haltestelle Kloster Heisterbach (Linie 520)

Wegbeschreibung: Wir starten am Parkplatz vor dem Klosterareal und entfernen uns von der Straße. Das Gelände ist von einer Mauer umschlossen, und an deren Ecke biegen wir ihr folgend links ab. An der Gabelung wenden wir uns nach rechts Richtung Petersberg. An einem alten Wegkreuz zweigt nach links ein Pfad von dem breiten Fahrweg ab. Auf dem „Bittweg" nähern wir uns dem Petersberg. Dafür überqueren wir noch einmal den breiten Querweg und folgen den Kurven des Waldwegs bergauf bis zum Gipfel des Petersbergs.

Noch bevor wir das sehr belebte Plateau erreichen, folgen wir dem Rheinsteig nach links. Er führt uns knapp unterhalb des Parkplatzes um den Gipfel herum. An der Gabelung lassen wir uns vom Rheinsteig nach links führen. Beschildert ist der Weg Richtung Geisberg, Drachenfels und Königswinter. Gleich hinter einem Aussichtsplatz führt der Steig noch vor der Zufahrtsstraße links bergab.

Wer sich für die Geschichte des Petersbergs interessiert, kann hier einen kleinen Abstecher zu den Grundmauern der ersten Kirche unternehmen. Dafür einfach der Zufahrtstraße für etwa 100 Meter nach rechts folgen.

Wir bleiben also im Abstieg links der Straße und gehen über die nächste Kreuzung steil bergab weiter. Wiederum vor der Straße folgen wir dem Rheinsteig nach links und schwenken in den Querweg nach rechts ein. An der nächsten Gabelung bleiben wir auf dem Hauptweg und halten uns an der sogenannten Mondscheinwiese links. Gegenüber

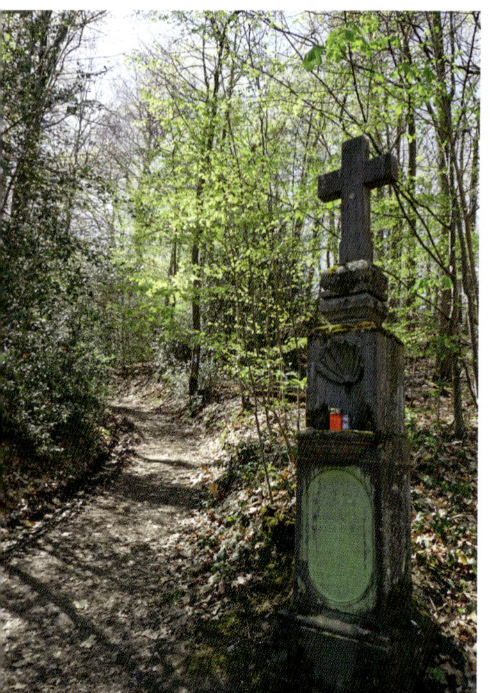

Auf dem Bittweg zum Petersberg

Am Weg

Petersberg

Am 17. März 1189 reisten dreizehn Mönche – angeführt von Abt Herrmann – auf den Petersberg zu ihrer neuen Wirkungsstätte, den leerstehenden Gebäude einer Niederlassung der Augustiner-Chorherren. Diese wurden ihnen vom Kölner Erzbischof überlassen. Ungefähr zur gleichen Zeit begannen auch schon die Wallfahrten auf den Petersberg – oder Stromberg, wie er damals genannt wurde. Die fünfschiffige mittelalterliche Kirche, zu der auf den Petersberg gepilgert wurde, stammte vermutlich noch aus der Zeit der Augustiner. 1565 wurde sie zum letzten Mal urkundlich erwähnt und im 18. Jahrhundert vollkommen zerstört. Ihre Reste wurden erst 1980 wiedergefunden und freigelegt, so sind heute noch Teile der Grundmauern zu sehen. Die sogenannten Bittwege führten von vier Richtungen auf den Heiligen Berg: von Heisterbach, Königswinter, von Ober- und Niederdollendorf und Ittenbach.

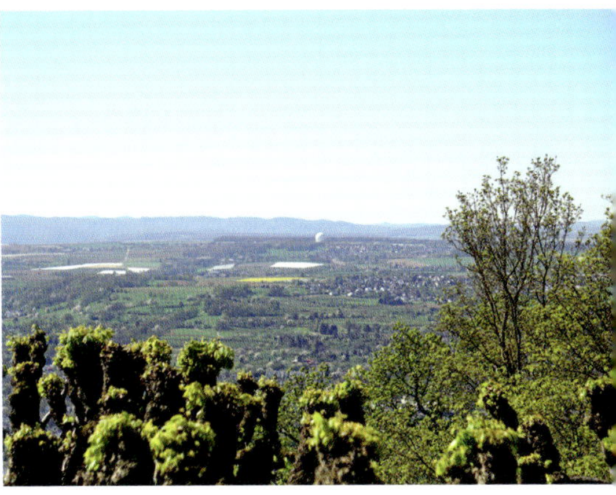

Aussicht vom Petersberg über den Rhein

dem sechseckigen Schutzhäuschen zweigt ein schmaler Pfad nach rechts ab. Ihm folgen wir, weiterhin auf dem Rheinsteig.
Bald schwenken wir nach rechts auf einen breiteren Weg ein, den wir allerdings bei nächster Gelegenheit nach links verlassen. Damit entfernen wir uns auch vom Rheinsteig und wandern nun Richtung Nonnenstromberg.
Der schmale Pfad führt uns über die wunderschöne Kuppe und nach einer Spitzkehre gemächlich hinab bis zu der großen Kreu-

zung am „Einkehrhaus Waidmannsruh". Unsere Strecke führt direkt am Eingang vorbei bis zur Kreuzung am Erholungsheim Rosenau. Dort gehen wir schräg rechts bergauf Richtung Burgruine Rosenau. Vor der Ruine geht es links weiter, bis wir unten nach einer Linkskurve auf dem breiten Querweg rechts hinauf Richtung Ölberg weitergehen. Über die nächste Kreuzung gehen wir geradeaus, weiter Richtung Ölberg, allerdings nur, bis rechts ein Pfad bergauf führt. Diesem Waldweg folgen wir, bis wir an eine größere Kreuzung kommen. Rechts erkennen wir an der nächsten Gabelung eine Schutzhütte. Wir wenden uns allerdings nicht in diese Richtung, sondern gehen leicht links geradeaus Richtung Heisterbacherrott. Leicht bergab bewegen wir uns auf dem mit einem „i" und dem mit einer Kapelle markierten Wanderweg.
Hinter der nächsten Kreuzung folgen wir geradeaus dem Feldweg in das offene Tal – in der Ferne erkennt man bei klarem Wetter den

Am Weg

Burgruine Rosenau

Man kann sich gut vorstellen, wie stolz die kleine Burg einmal auf dem Hügel stand. Allerdings finden wir heute nur noch eine Ruine vor. Es war nicht erwünscht, dass Klöster und Burgen in unmittelbarer Nähe zueinander lagen. Und so wurde diese 1243 von den Zisterziensern zum Verkauf freigegeben, was bedeutete, dass ihre Mauersteine verkauft wurden, um für andere Herrenhäuser als Baumaterial zu dienen. Dieses Schicksal teilte die Burg übrigens mit vielen anderen aus dem Mittelalter, und einige Jahrhunderte nach der Burg Rosenau ereilte auch das Kloster Heisterbach selbst dieses Schicksal.

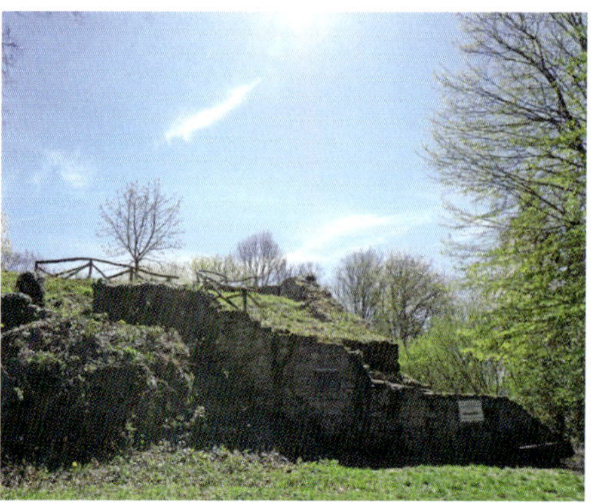

Am Weg

Kloster Heisterbach

„Pflanzt dort, wo die Wasser fließen", sagte schon Bernhard von Clairvaux, der Begründer des Zisterzienserordens. Und so machten es auch die Mönche im Siebengebirge und zogen schon nach drei Jahren vom Petersberg ins Tal – nach Heisterbach. Dort waren fruchtbare Felder und fließendes Wasser, und bald hatten die fleißigen Mönche ihre Äcker angelegt, Fischteiche aufgestaut und Mühlen gebaut und konnten so das Leben führen, das sie von ihren Stammklöstern gewohnt waren.

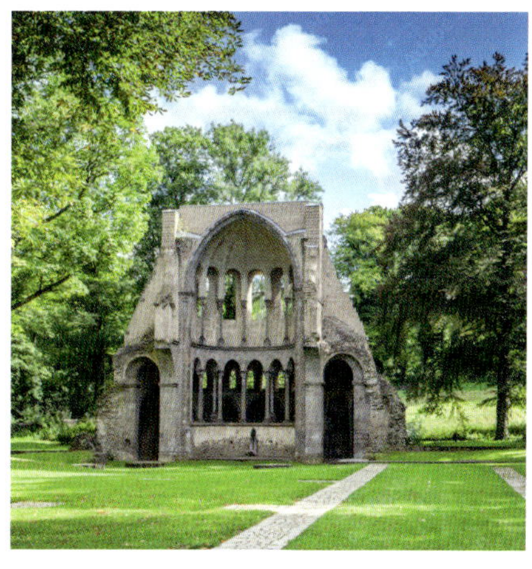

Durch die einladende barocke Pforte betritt man den weitläufigen Klostergrund, und sofort ist man gefangen genommen von der fast zeitlos wirkenden Magie des Ortes. 1803 wurde das gesamte Kloster dem Verkauf auf Abbruch preisgegeben, und so blieb bis ins Jahr 1820 kaum mehr ein Stein auf dem anderen.

Ernst zur Lippe-Biesterfeld kaufte 1820 das Anwesen, und innerhalb der Klostermauern entstand eine englische Parklandschaft. Die einzigen Steine, die noch aufeinander blieben, war die mystische Chorruine, die sich wunderbar in die romantische Landschaftsarchitektur einfügte. Doch der Geist der Vergangenheit rief den Orden der Cellitinnen 1918 in die klösterlichen Mauern. Die Nonnen bauten die Gebäude wieder auf und widmen sich seither ihren sozialen Aufgaben. So gibt es neben einem Altenheim und einem Haus für alleinerziehende Frauen auch eine Scheune mit kulturellen Veranstaltungen und Angeboten sowie eine Klosterstube fürs leibliche Wohl. So ist der Ort heute wieder ein beliebter und belebter Treffpunkt.

Am 18. Oktober 1984 wurde die „Stiftung Abtei Heisterbach" gegründet. Sie hat sich die Pflege und Erforschung dieses Kulturerbes zur Aufgabe gemacht.

Kölner Dom. Im Tal halten wir uns an der Gabelung links und wandern entlang der Ölbergstraße Richtung Dorf. Am Wegkreuz mit der Aufschrift „Ecce Agnus Dei" folgen wir der Ölbergstraße nach links und gehen nicht geradeaus in die Torstraße. Im Ort gelangen wir schließlich an eine Kreuzung, an der wir links auf die Rosenaustraße abbiegen. Diese verlassen wir nach rechts gegenüber der Straße „Im Kottsiefen" über das Schulgelände.

Auf der anderen Straßenseite biegen wir vor Haus Schlesien nach links in den Park ein und nehmen hinter der Nikolauskapelle die Stufen hinauf. Um den Weiher herum gelangen wir an einen Bildstock, an dem wir die kleine Straße überqueren und geradeaus auf den Wald zugehen. Das Kloster Heisterbach ist hier wieder ausgeschildert.

Immer geradeaus geht es über die Kuppe hinweg Richtung Kloster. Bei gutem Wetter lohnt es sich, einen oder beide Abstecher nach rechts zum ehemaligen Basaltsteinbruch am Weilberg zu unternehmen.

Schließlich erreichen wir eine T-Kreuzung, wo wir nach links abbiegen und bald zum Kloster zurückkehren.

Gastronomie

Klosterstube Heisterbach, Heisterbacher Straße, 53639 Königswinter, Telefon 02223/702175, www.klosterstube-heisterbach.de

Biergarten Petersberg, Petersberg, 53639 Königswinter, Telefon 02223/74780, geöffnet von April bis September witterungsabhängig. Aktuelle Informationen unter www.facebook.com/BiergartenPetersberg/

Charles Bistro & Café, Petersberg, 53639 Königswinter, Telefon 02223/74780, www.steigenberger.com

Einkehrhaus Waidmannsruh, Rosenau 13, 53639 Königswinter, Telefon 02223/24520, www.einkehrhaus-waidmannsruh.com

Haus Schlesien, Dollendorfer Straße 412, 53639 Königswinter, Telefon 02244/8860, www.hausschlesien.de

Das Kloster Heisterbach und der verschwundene Mönch

Die Kirche im Kloster Heisterbach war in früheren Zeiten ein architektonisches Meisterwerk. In großartiger Weise wurden romanische und gotische Stilelemente vereint. Die Steine zum Bau kamen vom nahen Stenzelberg, und mit ihren 88 Metern Höhe war sie die größte Kirche in der ganzen Region. Und so waren die Mönche des Klosters besonders stolz auf ihre einzigartige Abtei. Der Chorkranz bestand aus 17 Altären, und das Gebäude war wie aus einem Märchen erschaffen. Heute steht nur noch die Ruine des Chors, die sich mystisch aus dem Klostergarten erhebt. Die Legende erzählt von einem jungen Mönch, der in den Wald ging und erst 300 Jahre darauf wieder ins Kloster zurückkehrte. Diese alte Geschichte hat uns dazu inspiriert zu erzählen, warum er so lange nicht mehr heimkommen konnte:

Es war einmal ein Mönch aus dem Kloster Heisterbach, der war mehr an Büchern interessiert als an der Abtei, und so stieß er beim Lesen der Bibel immer wieder auf den Satz des Apostels Petrus: „Und ihr sollt wissen, liebe Freunde, dass ein Tag für den Herrn wie tausend Jahre ist und tausend Jahre wie ein Tag." Jedes Mal fing der Mönch an zu überlegen: „Wie kann es sein, dass unser Herr kein Zeitgefühl hat? Das verstehe ich nicht."

Eines Tages war er wieder einmal im Garten unterwegs und dachte über das Leben nach – da hörte er ein Pfeifen. Schon glaubte er, einer der Mönche machte sich einen Spaß mit ihm, doch da raschelte es im Baum und er sah einen großen, knallgelben Vogel zwischen den Blättern hüpfen. „Ein Pirol!", rief er erfreut, und in dem Moment flog der Flattermann auf und der Mönch stob hinterher. Er merkte gar nicht, wie er durch die Pforte hinauslief – der Pirol fröhlich voran und unser Mönch, der Laurentius hieß, immer hinterher. Und so ging das, bis sie schließlich an eine Ruine kamen. Da setzte sich der Pirol auf die Steine und der Mönch legte beide Hände auf seine Knie und beugte sich nach vorn, um wieder zu Atem zu kommen. Und so stand er eine Weile, und als er wieder aufsah, war der Vogel verschwunden, doch an seiner Stelle saß dort eine edle Jungfrau – gewickelt in gelbe Seide, so leuchtend wie die Sonne. Der Mönch, der sich strahlende junge Frauen nicht genauer ansehen durfte, schaute verschämt zur Seite. „Wo kommt die denn plötzlich her?“, dachte er, und ehe er sich‘s versah, stand sie vor ihm, drehte seinen Kopf in ihre Richtung und sah ihm lange in die Augen.

Es war, als ob sich ihre braunen Augen mit seinen blauen wie in einem magischen Sog vereinten. Ganze fünf Minuten ging das so, und der fromme Mönch konnte nichts dagegen machen, er war wie in einem Bann gefangen. Dann endlich lachte die Frau und sprang über die Stufen der Ruine hinunter.

„Wer bist du?“ rief sie zu ihm hinauf.

„Mein Name ist Bruder Laurentius“, sagte er unbeholfen. „Und wer bist du?“

„Mein Name ist Adelina! Ich bin die Tochter des Burgherrn und komme immer noch manchmal zu unserem zerstörten Adelssitz, um die Aussicht zu genießen!“ rief sie fröhlich. Da wandte sich der Mönch ab, weil er ein schlechtes Gewissen hatte, war er doch indirekt mitverantwortlich dafür, dass die junge Frau ihr Zuhause verloren hatte. So nahe am Kloster durfte kein Schloss stehen, und so hatte der Abt befohlen, die Burg zu zerstören und die Steine zu verkaufen.

Noch während der Mönch sich Gedanken machte, hüpfte Adelina über die Stufen wieder hinauf und blieb vor ihm stehen. Der junge Mann wollte sich wehren, doch es ging nicht, schließlich lag das Mädchen in seinen Armen und er hielt sie fest.

„Wir könnten auf den Nonnenstromberg gehen, dort gibt es eine Einsiedelei – dort könnten wir leben und glücklich sein. Die zwei Eremitinnen werden uns aufnehmen. Wir wären arm, aber glücklich“, bettelte sie. Und da er sich für das Schicksal des Mädchens verantwortlich fühlte und ehrlich gesagt schon auch ein bisschen verliebt war, willigte er ein. Und die beiden gingen auf den magischen Berg, den Nonnenstromberg, und lebten dort bis an ihr Lebensende.

Doch als es so weit war, dass Laurentius dieses Leben verlassen sollte, da plagten ihn solche Gewissensbisse, dass er Angst hatte, vor seinen Herrn zu treten. Und so starb zwar sein Körper, doch Bruder Laurentius irrte als Geist weiterhin durch den Wald rund um das Kloster Heisterbach. Allen, die dort unterwegs waren, gruselte es, wenn sie in seine Nähe kamen –so ging es 300 Jahre lang. Dann endlich gelangte der Geist des Mönchs an die Pforte des Klosters Heisterbach.

Was dann geschah, ist wirklich erstaunlich: Ein Ordensbruder öffnete ihm und ließ ihn eintreten. Auch die anderen Mönche kamen und fragten: „Wer bist du, wo kommst du her?“

„Ich bin Bruder Laurentius und ich komme aus dem Wald!“ rief er, „könnt‘ ihr mich sehen?“ Der Abt näherte sich und schaute den jungen Laurentius fragend an: „Du bist der Mönch, der vor 300 Jahren in den Wald ging und nie mehr zurückkam!“

Da der Abt ein weiser Mann war und so einiges wusste, was andere nicht wissen konnten, sagte er: „Ich segne dich. Und all deine Sünden mögen dir vergeben sein. Geh in Frieden deinen Weg, Laurentius. Der Herr kennt keine Strafe, nur Erbarmen und Erlösung.“

Und da verwandelte sich der junge Mann in einen Greis mit langem Bart und grauen Haaren und verstarb ein zweites Mal. Und dieses Mal konnte er wirklich gehen und löste sich vor den Augen der staunenden Mönche einfach auf. Der Abt aber ließ eine Ehrentafel für ihn anfertigen, und sie wurde in einem der 17 Altäre im Chor angebracht. Ich habe sie gesucht, diese Tafel, in der Ruine des Chors, und es war mir, als würde Bruder Laurentius mir dabei über die Schulter schauen – aber nur ganz kurz, dann war der Spuk vorbei. Aber als ich durch den Klosterpark ging, sah ich einen großen, gelben Vogel und hörte ein spöttisches Pfeifen. Doch ich lachte nur und ging durch die Pforte hinaus, aber sicherheitshalber nicht in den Wald ...

Tour 10

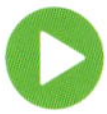 Startpunkt

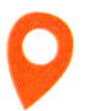 Zwischenziele

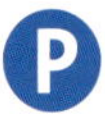 Parkplatz

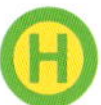 Haltestelle

 Zielpunkt

 Gastronomie

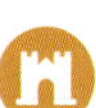 Sehenswürdigkeit

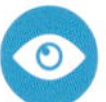 Aussichtspunkt

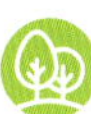 Naturerlebnis

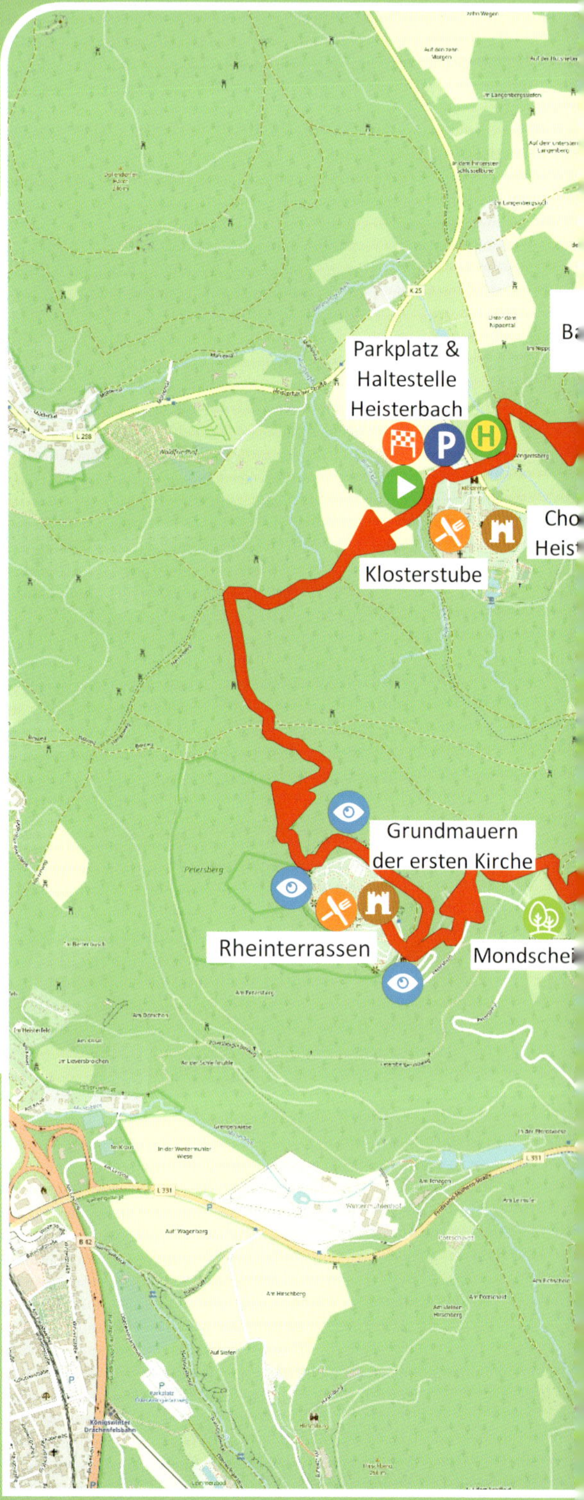

Parkplatz & Haltestelle Heisterbach

Klosterstube

Grundmauern der ersten Kirche

Rheinterrassen

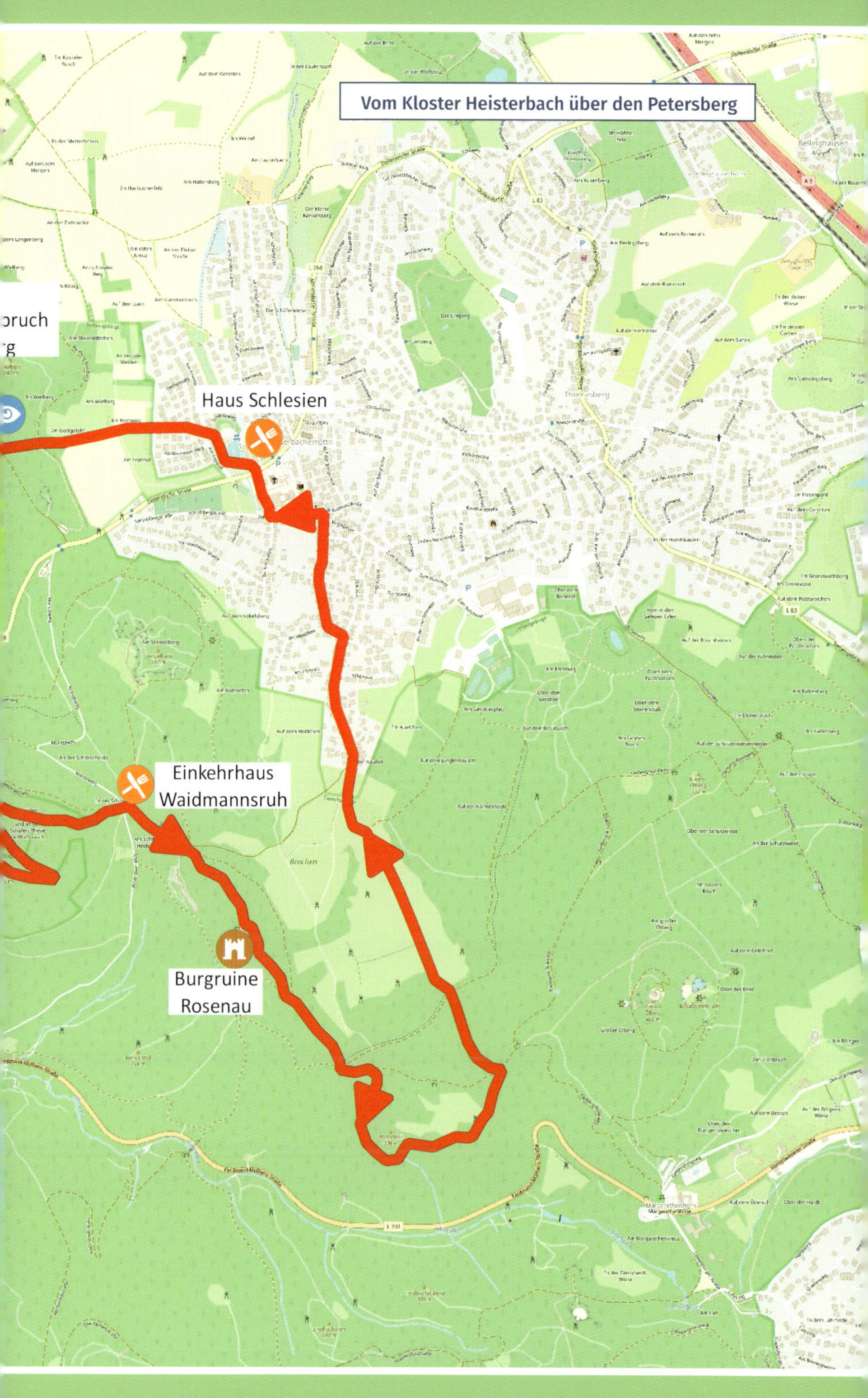

Vom Kloster Heisterbach über den Petersberg
Haus Schlesien
Einkehrhaus Waidmannsruh
Burgruine Rosenau

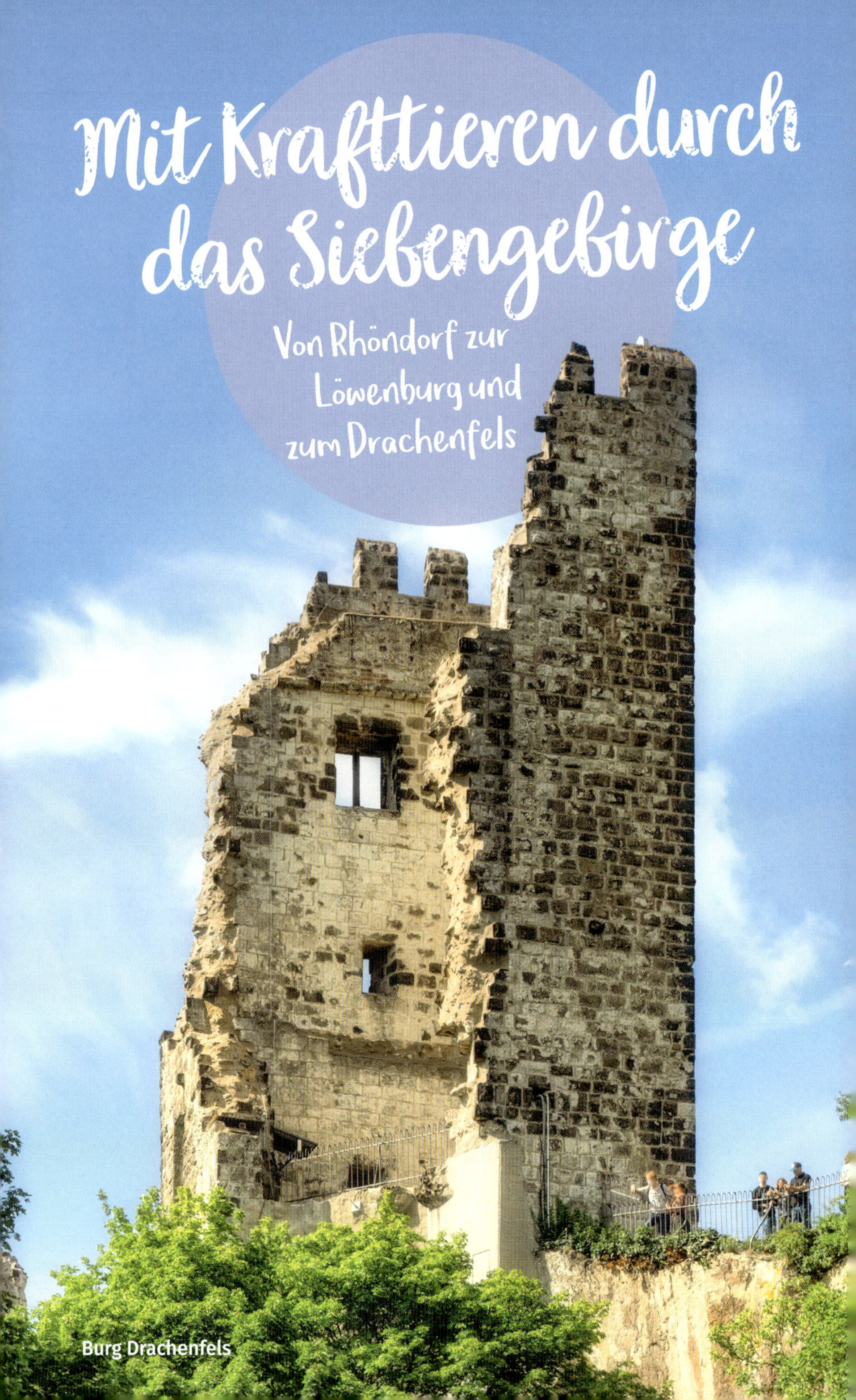

Burg Drachenfels

Diese Wanderung führt uns in eine Region, die Schauplatz für unzählige Legenden, Sagen und Märchen ist. Das Siebengebirge, das natürlich mehr als sieben Erhebungen hat, wird auf dieser Wanderung erfahrbar. Es wurde schon durch seine Namensgebung zu einer mystischen Region erhoben. Die Zahl Sieben, die als magische Zahl gilt, wird hier in Felsen, Wäldern und Wiesen spürbar. Daneben zwei Krafttiere, die für den Menschen von besonderer Bedeutung sind und immer schon waren: Der Drache und der Löwe stehen als Wappentiere für die Ehre einer Sippe oder gar eines Volkes. Einer der Hüter der Schätze, der andere der König der Tiere. Eine wahrhaft märchenhafte Wanderung oberhalb des Rheins, entlang der Schätze der Region.

5:00 Std.

14 km

516 m

Start: Rhöndorf Bahnhof
Ziel: Königswinter Bahnhof oder Straßenbahnhaltestelle Fähre (Linie 66)
Wegbeschaffenheit: fast durchgehend Waldwege, ab dem Drachenfels steiler Asphaltweg hinunter nach Königswinter
Anfahrt mit ÖPNV: Rhöndorf Bahnhof
Variante: Diese Wanderung ist als Streckenwanderung beschrieben. Wer möchte, kann aber vom Drachenfels auch hinuntersteigen zurück nach Rhöndorf. Die Strecke ist in beiden Varianten etwa gleich lang.

Wegbeschreibung: Wir starten an der S-Bahnstation in Rhöndorf und gehen an der flussabgewandten Seite nach links in die Löwenburgstraße. Diese führt uns vorbei an den historischen Häuschen bergan ins Grüne. Wir passieren den idyllischen Waldfriedhof, auf dem auch Konrad Adenauer begraben liegt. Dahinter geht es bei erster Gelegenheit scharf nach rechts, dem Schild zur Löwenburg folgend steil bergan.
Wir befinden uns auf dem blau-weiß markierten Rheinsteig und dem orange gekennzeichneten Bergischen Weg. Durch einen Bu-

Am Weg

Die Löwenburg

Die Löwenburg war die Grenzburg zwischen dem Land der Grafen von Sayn und den kurkölnischen Gebieten, welche von den Burgen Drachenfels und Wolkenburg gesichert wurden. In der heiß umkämpften Region gelangte die Burg 1269 durch Erbfolge unter die Herrschaft des Geschlechts Sponheim-Heinsberg. Von da an wechselten die Besitzer der Burg häufig, bis sie schließlich 200 Jahre später dem Herzogtum Jülich-Berg unterstellt wurde. Diese blieben weitere 200 Jahre Herrscher über die stattliche Burg. In den Kämpfen im 16. und 17. Jahrhundert fiel sie schließlich – der mächtige Bergfried wurde erst 1881 abgetragen, um einen möglichen Einsturz zu verhindern. Heute ist das Burgensemble immer noch beeindruckend: Die Grundfesten sind gut zu erkennen, teils auch zu erklimmen, und die Aussicht in alle Richtungen ist außergewöhnlich. Das mystische Flair hat sich die Löwenburg, die auf dem höchsten Berg 455 Meter über dem Rhein thront, bis heute erhalten.

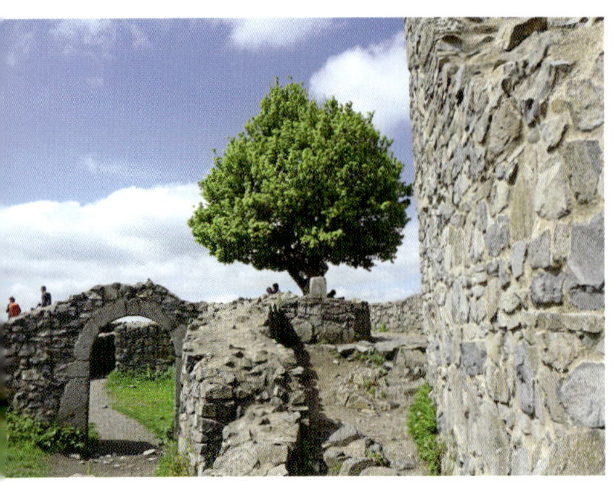

chenwald geht es hinauf. An einer Gabelung halten wir uns links in Richtung Löwenburg. Gleich danach biegen wir scharf links ab auf den Pfad bergan. An einer Weggabelung halten wir uns auf dem rechtesten Weg und wandern weiter bergan in Richtung Löwenburg. Wir kommen an ein Rasthäuschen und nehmen den Weg, der links daran vorbeiführt. Wir halten uns links und folgen weiter den blau-weißen und den orangen Schildern. Wer es gemütlicher haben möchte, geht an der nächsten Gabelung links, wir wählen aber die Variante über den Großen Breiberg und gehen dort, wo in der Mitte ein Baum steht, rechts hinauf.

Auf der Variante quert man einen Weg, geht den Pfad steil bergan – für geübte und trittsichere Wanderer geht es steil hinauf. Auf dem Kamm des Biberich oder Breiberg ist es grün und blühend. Der Aufstieg auf den 313 Meter hohen Gipfel lohnt sich, an einem Rastplatz hat man eine wunderbare Aussicht auf das Siebengebirge und den Drachenfels. Wir folgen dem Kamm und gehen den mäßig steilen Pfad wieder hinunter.

An einem Rasthäuschen münden wir wieder in den Hauptweg und gehen diesen weiter. Dort, wo ein kleiner Pfad bergauf führt, halten wir uns geradeaus, folgen wieder dem Rheinsteig-Zeichen. Auf einem schmalen Pfad wandern wir dem Hang entlang und münden dann wieder auf einen breiteren Waldweg. Wir folgen den beiden Zeichen. Der Weg führt leicht bergan, neben uns der 329 Meter hohe Ölender. Dann senkt er sich, und dort, wo er wieder bergan führt, bleiben wir geradeaus auf dem Rheinsteig.

Der Waldweg mündet jetzt in eine breitere Forststraße ein, und dort gehen wir nach links. An einer Weggabelung geht es links zum Löwenburger Hof. Wir folgen aber dem Weg nach rechts und umrunden so den Berg. Wo von unten ein Weg dazu stößt, gehen wir links Richtung Löwenburg. Von rechts kommt der Weg, den wir später zurückgehen werden – aber vorerst wandern wir links den Stichweg zur Ruine hinauf. Wie in einer Schneckenform windet sich dieser zur Burgruine.

Nach dem Besuch wandern wir den Stichweg zurück, biegen bei der ersten Möglichkeit links hinunter in Richtung Löwenburger Hof.

Rechts in einem Bogen kommen wir auf den Hauptweg, in den wir links einbiegen. Am Löwenburger Hof vorbei – mit Blick auf den Obstbaumhain und ins Bergische Land – gehen wir weiter, bis sich die Straße gabelt. Dort wenden wir uns nach links und nehmen gleich darauf, an einer Gabelung von drei Wegen, den rechtesten Weg. Über das kleine Plateau mit Bänken erreichen wir die nächste Gabelung, wo wir den Weg nach links abwärts wählen, den Schildern Richtung Drachenfels, Königswinter und Milchhäuschen folgend.
Der Weg führt ein ganzes Stück moderat auf fast einer Höhe durch den Wald bis zum Franz-Schulz-Denkmal, der ein Bewahrer der Rui-

Am Weg

Schloss Drachenburg

Dieses in der Gründerzeit gebaute Schloss, das man schon von oberhalb erblicken kann, scheint einem Märchen entsprungen. Mit seinen Türmchen und dem exotischen Garten, den Terrassen und verwinkelten Ecken ist es Ausdruck einer Zeit, in denen sich reiche Bürger diesen Luxus gönnen konnten. Baron Stephan von Sarter, gerade in den Freiherrenstand erhoben, wusste nichts Schöneres, als sich sein Traumschloss an einen der legendärsten Orte des Rheins zu bauen. Es entstand 1882 in der kurzen Bauzeit von nur zwei Jahren. In der Vorburg ist heute die Stiftung Naturschutzgeschichte mit ihrer interaktiven Ausstellung untergebracht, und in der Hauptburg gibt es ein Museum zur Schlossgeschichte, das Einblicke in die damalige Wohnwelt und den Bau des Schlosses gibt. Ein Spaziergang durch den Park und der Ausblick von der Terrasse sind im Eintritt inbegriffen und absolut lohnenswert.
www.schloss-drachenburg.de

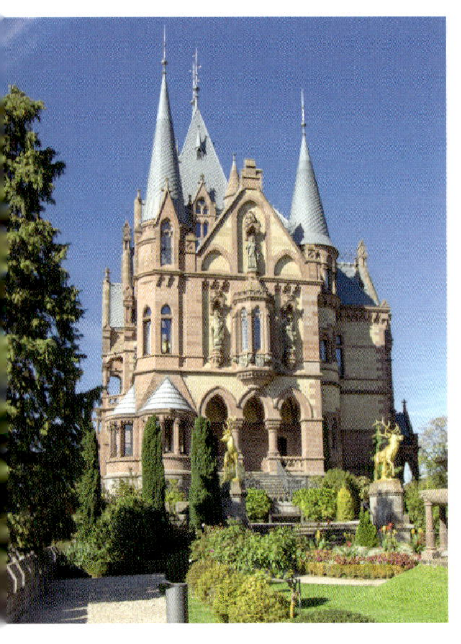

ne Löwenburg war. Wir folgen dem Waldweg bis zu einer Wiese, wo wir an einem Rasthäuschen vorbeikommen. Dahinter biegen wir in den Querweg links ein. An der nächsten Gabelung wählen wir eine Variante, die uns auf den Jungfernhard bringt. Wer es einfacher möchte bleibt auf dem Drachenfelsstraße genannten Forstweg.
Unsere Route führt uns also geradeaus auf den moderat ansteigenden Waldpfad in Richtung Jungfernhard. Nach dem Aussichtspunkt bleiben wir links, umrunden den Berg und kommen so wieder auf den Forstweg. Dieser führt uns links weiter zu einem Rasthäuschen. Hier können wir wieder entscheiden, ob wir lieber auf dem Forstweg bleiben oder ob wir über die Gipfel des Geisbergs und des Schallenbergs wandern möchten.
Die Gipfelroute führt uns nach links in den Wald, den Schildern des Rheinsteigs folgend. Es geht bergan auf den Geisberg. An einem Schutzhaus fast am Gipfel hat man einen beeindruckenden und lohnenden Ausblick in Richtung Rhein und Drachenfels. Wir halten uns links auf dem Rheinsteig in Richtung Schallenberg. An einer nächsten Gabelung gehen wir links zum Aussichtspunkt und folgen dem Steig hinunter zum Forstweg.
Dort gehen wir links bis zum Milchhäuschen. Dahinter biegen wir links ab und wenden uns am Querweg rechts, folgen dem K und wandern geradeaus in eine alleeähnliche Forststraße. An einer Gabelung halten wir uns auf dem linken Weg, der nach oben führt und mit einem K beschriftet ist. Wir wandern entlang dem Berg Wolkenburg, auf dem sich früher auch eine Burganlage befunden hat.
Dort, wo sich der Weg gabelt, gehen wir links in Richtung Rhöndorf weiter. Wir halten uns geradeaus – unter uns verläuft die Straße. Wir bleiben links auf dem Waldweg, der weiter mit dem K markiert ist und erreichen eine Stelle, wo man alte Steinbruchkanten und besondere Felsen sehen kann. Hier mündet der Waldweg in die Straße, und dort geht es über die Gleise der Drachenfelsbahn weiter. Wir folgen der Straße zum Drachenfels. Achtung: Hier teilen wir uns für kurze Zeit die Strecke mit Autos und Fahrrädern.
Oben angekommen geht es links zur Aussichtsplattform. Wer das Auto in Rhöndorf geparkt hat, kann von hier aus auf dem Rheinsteig dorthin zurückwandern.

Am Weg

Drachenfels

Die Ruine thront auf der Spitze des Felsens und bietet einen beeindruckenden Ausblick auf den Rhein nach Nord und Süd. Sie stammt aus dem 12. Jahrhundert, doch schon während des Baus wurde sie weitergereicht vom Kölner Erzbischof zum Propst des Stifts St. Cassius. So wurde die Burg schließlich als Befestigung der Stadt Bonn fertiggestellt. Durch den Bau der Stadtmauer wurde sie allerdings Mitte des 13. Jahrhunderts schon wieder unbedeutend. Trotzdem blieb sie heiß umkämpft, erst 1634 im Kampf zwischen Schweden und Spaniern wurde sie letztlich schwer beschädigt. Danach war ihr damaliger Besitzer nicht gewillt, sie wiederaufzubauen, und so verfiel sie im Laufe der Jahrhunderte. Im Zentrum der Hauptburg befand sich immer schon der wehrhafte Bergfried, und dieser ist auch heute noch zu besichtigen.

Ob schon die Römer die Steine vom Siebengebirge über den Rhein abwärts transportiert haben? Die Historiker glauben, dass es so war. Unfassbare geschätzte 25 Millionen Jahre alt soll dieses aus Vulkanausbrüchen gestaltete Gebirge sein. Daneben fühlen sich die 500.000 Jahre, die das Rheintal bereits besteht, geradezu kurz an. Dass der Rhein immer schon der wichtigste Transportweg war, kann man sich vorstellen. Bis heute haben beide ihre Bedeutung nicht verloren: Der Rhein, als Vater aller deutschen Flüsse bezeichnet, macht seinem Namen alle Ehre, und der Drachenfels ist immer noch ein beeindruckender mächtiger Berg. Fast wäre er dem exzessiven Steinabbau zum Opfer gefallen. Die Folgen sind noch heute zu sehen: Massive Verbauungen versuchen die Felswände zu stützen, entlang des Eselswegs kann man sich ein Bild davon machen.

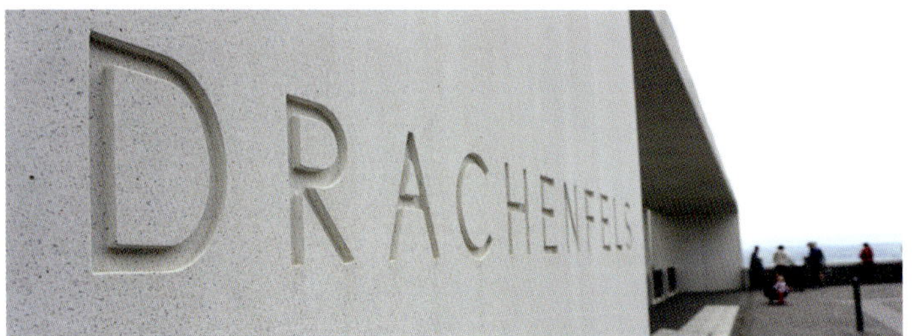

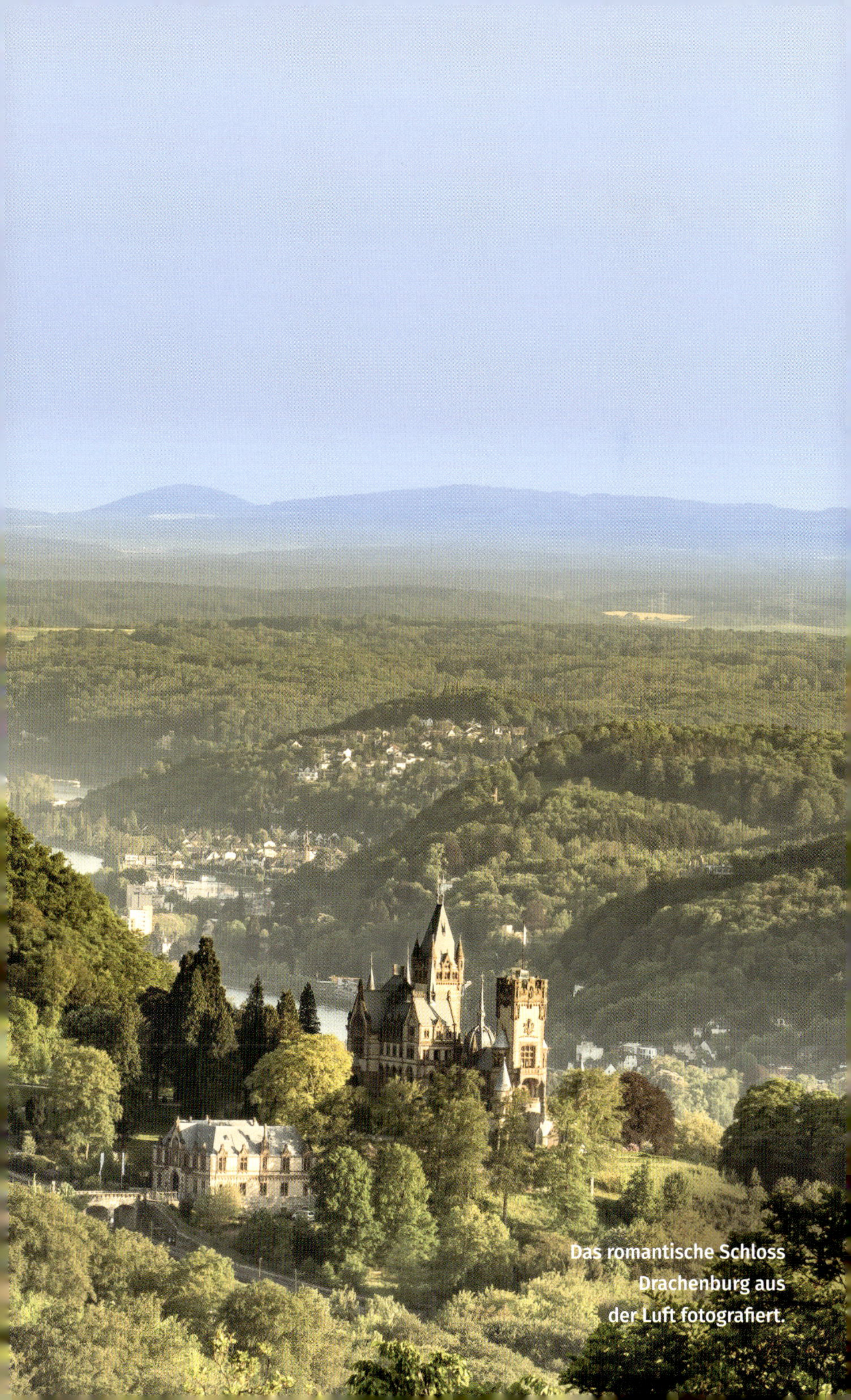

Das romantische Schloss Drachenburg aus der Luft fotografiert.

Hinter der Gastwirtschaft geht es auf den Drachenfels zur Ruine. Danach wandern wir am Kaiser-Wilhelm-Denkmal vorbei den Eselsweg hinunter in Richtung Königswinter. Hier konnte man früher auf Eseln auf den Berg reiten, deshalb der Name. Dieser Weg ist sehr steil, wer Knieprobleme hat, nimmt besser die Bahn.
Unterwegs sieht man die Verbauungen, die nach dem exzessiven Steinabbau notwendig waren, um den Hang zu stützen, was aber gerade für Kinder spannend und eindrucksvoll ist. Am Schloss Drachenburg und der Mittelstation der Bahn gehen wir die Straße weiter, rechts kommt die Einkehr „Am Drachenbrunnen" und links das idyllische „Winzerhäuschen" mit einer Terrasse zum Rhein. Gleich danach sehen wir die Kuppel der Nibelungenhalle. Danach halten wir uns links hinunter nach Königswinter.
Dort, wo ein geschotterter Weg abgeht, bleiben wir rechts auf der Straße, immer wieder mit Ausblicken zum Petersberg. Am Eingang zur Drachenfelsbahn vorbei gehen wir unter der Autobahn hindurch. Bei der nächsten Möglichkeit biegen wir nach links in die Drachenfelsstraße und überqueren die Schienen. Wer zum Bahnhof will, folgt ihnen nach rechts.
Geradeaus geht es immer der Drachenfelsstraße folgend durch Königswinter zum Rhein und zur Straßenbahnhaltestelle an der Fähre.

Gastronomie

Diverse in Rhöndorf
Gasthof Löwenburger Hof, unterhalb der Löwenburg, Löwenburger Straße 30, 53639 Königswinter, Telefon 02223/24446, www.loewenburger-hof.de
Waldwirtschaft Milchhäuschen, Telefon 02223/909000, www.milchhaeuschen.de
Drachenfels, Auf dem Drachenfels, 53639 Königswinter, Telefon 02223/296990, www.der-drachenfels.de
Diverse am Weg nach und in Königswinter

Die Jungfrau und der gar nicht so böse Drache

Die Verehrung von Drachen und Riesen stammt aus einer vorchristlichen Zeit. Und so verwundert es nicht, dass in der klassischen Sage von der Jungfrau und dem Drachen diese dem christlichen Glauben zugetan war und von heidnischen Männern dem Drachen als Opfer präsentiert wurde. Grund dafür war, so wird erzählt, dass sich die beiden Männer nicht einig waren, wer die holde Maid zur Frau bekommen sollte. Und so wurde sie in weiße Gewänder gekleidet, mit einem Blumenkranz ausstaffiert und an einen Baum vor die Drachenhöhle gebunden. Und was geschah? Ja, genau: nichts! Der Drache musste sich der frommen Christin, die ihm ein Kreuz entgegenhielt, unterwerfen. Darauf fiel er in einen großen Abgrund, und die fromme Frau war gerettet. Danach wurden alle getauft, und alles war wunderbar. So stellten sich das die romantischen Märchenerzähler des 19. Jahrhunderts vor – wir Märchenerzählerinnen des 21. Jahrhunderts denken es uns eher so:

Es war einmal ein junges Mädchen. Sie war noch keine 16 Jahre alt, da wurde sie schon damit belästigt, dass ihre Eltern sie verheiraten wollten. Doch das Mädchen namens Margarete wollte davon nichts wissen. Sie fand es viel spannender, allein zu bleiben und für sich selbst zu sorgen – und außerdem hatte sie ja noch gar nichts erlebt: Sie wollte noch nicht heiraten, Kinder gebären und zu Hause sitzen.
Doch die Eltern rückten von ihrem Wunsch nicht ab, und so machte sich unsere Margarete auf und davon: Eines Nachts packte sie einen Sack mit Klamotten, nur so viele sie tragen konnte – denn besonders viel Wert auf schöne Kleidung und Accessoires legte sie sowieso nicht –, huschte aus dem Haus der Eltern und machte sich auf den Weg in die Freiheit. Sie war gerade mal eine Stunde unterwegs, als sie hinter sich ein Knacken hörte.

Eine andere wäre erschrocken, aber Margarete machte das gar nichts aus. Sie blieb stehen und stieß fast mit einem Wolf zusammen. Dieser ging aufgerichtet auf zwei Beinen und trug einen schwarzen Anzug und einen schicken Hut. „Ein modebewusster Wolf", dachte das Mädchen, lachte und fragte: „Was machst du hier, mitten in der Nacht?" „Ich bin auf der Suche nach schönen Mädchen, die ich fressen kann", antwortete der Wolf. „Da wirst du Pech haben – schöne Mädchen sind heute keine unterwegs", rief Margarethe und lief fröhlich weiter.

Der Wolf war so verwirrt, dass er nicht aufpasste, über einen Stein fiel und sich ein Bein brach. Unser Mädchen aber wieselte schon davon und bekam davon nichts mehr mit. Der Mond schien hell, und sie folgte dem Pfad entlang der Felsen. Unter ihr glitzerte das Wasser des Rheins, und über ihr funkelten die Sterne. Sie fühlte sich beschwingt und frei wie ein Adler. Doch ihr fehlten leider die Flügel, und so fiel sie über einen Abhang, weil sie nicht auf den Weg, sondern nur in den Nachthimmel blickte: Sie kugelte und überschlug sich mehrere Male und blieb vor dem Eingang einer riesigen Höhle liegen. Nachdem sie überprüft hatte, dass noch alles an ihr dran war, versucht sie aufzustehen. Doch dann hörte sie Stimmen und drückte sich schnell hinter einen Fels.

„Ich brauche jetzt endlich ein Weib", hörte sie eine tiefe Stimme sagen. „Wofür? Es gibt so viele, da wirst du dich doch nicht für eine entscheiden wollen?", sagte eine andere, noch tiefere Stimme. „Du hast recht", antwortete die erste. Die beiden Männer mussten so lachen, dass sie sich dabei auf die Schenkel klopften.

Und während Margarete sich noch wunderte, wie einfältig manche Männer waren, hörte sie hinter sich ein lautes Schnauben. Eine wohlige Wärme – die nicht ihre eigene war – kroch ihren Rücken hinauf. Vorsichtig blickte sie sich um und schaute in zwei riesige blaue Augen. Ein kleiner Schrei entwich ihr, aber nur kurz, dann fasste sie Mut und blickte dem Drachen, der da hinter ihr lag, fest in die Augen. Es war, als würde in dem Moment zwischen den beiden eine Verbindung entstehen: eine Art magisches Seil von einem Herzen zum anderen. Sie streckte die Hand aus und berührte die riesige feuchte Nase. Der Drache stieß ein leichtes Seufzen aus und blickte aus traurigen Augen. Und da sah das Mädchen, dass das Tier an einem Bein an einer starken Eisenkette hing: Der Drache wurde also von den Männern in der Höhle gefangen gehalten.

Da wurde Margarete plötzlich so wild und zornig, dass sie aufsprang, in die Höhle rannte und die beiden Männer mit allen Schimpfworten bestürmte, die ihr gerade einfielen. Die beiden Kerle aber sprangen von ihrem Lager am Feuer auf und machten sich sofort Gedanken darüber, wem die kesse Braut gehören sollte. Und da sie sich nicht sofort einigen konnten und auch nicht die hellsten Lichter unter der Sonne waren, beschlossen sie, das Mädchen lieber dem Drachen zum Fraß vorzuwerfen. Wenn keiner sie haben konnte, dann sollte sie auch nicht weiterleben. Gesagt getan, sie fackelten nicht lange herum: Sie fesselten Margarete an den Baum neben dem Drachen und nahmen an, dass der sie im Laufe der Nacht verspeisen würde. Da es ihnen doch etwas zu eklig war, dabei zuzusehen, stapften sie zurück in die Höhle und legten sich schlafen. Der Drache jedoch löste mit einer kleinen gezielten Flamme den Strick der Gefesselten. Margarete dachte kurz nach, dann ging sie leise in die Höhle, in der die Männer laut schnarchten, schaute sich um, sah, was sie suchte und nahm sich ganz einfach den Schlüssel, der auf der Erde neben dem Feuer lag. Ein kurzes Klacken, und das Schloss am Fuß des Tieres sprang auf – der Drache war frei! Sein weißes Fell erstrahlte hell im Mondlicht, und er nahm Margarete auf seinen Rücken. Dann flogen die beiden in den strahlenden Nachthimmel. Immer weiter und weiter. Und einmal im Jahr, in der Nacht des 30. April, kamen sie an den Drachenfels hoch über dem Rhein zurück: der weiße Drache und die furchtlose Margarete. Und wenn sie nicht gestorben sind, dann kommen sie auch heute noch dorthin ...

Tour 11

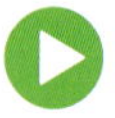 Startpunkt

 Zwischenziele

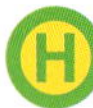 Haltestelle

 Zielpunkt

 Gastronomie

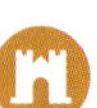 Sehenswürdigkeit

 Kulturstätte

 Aussichtspunkt

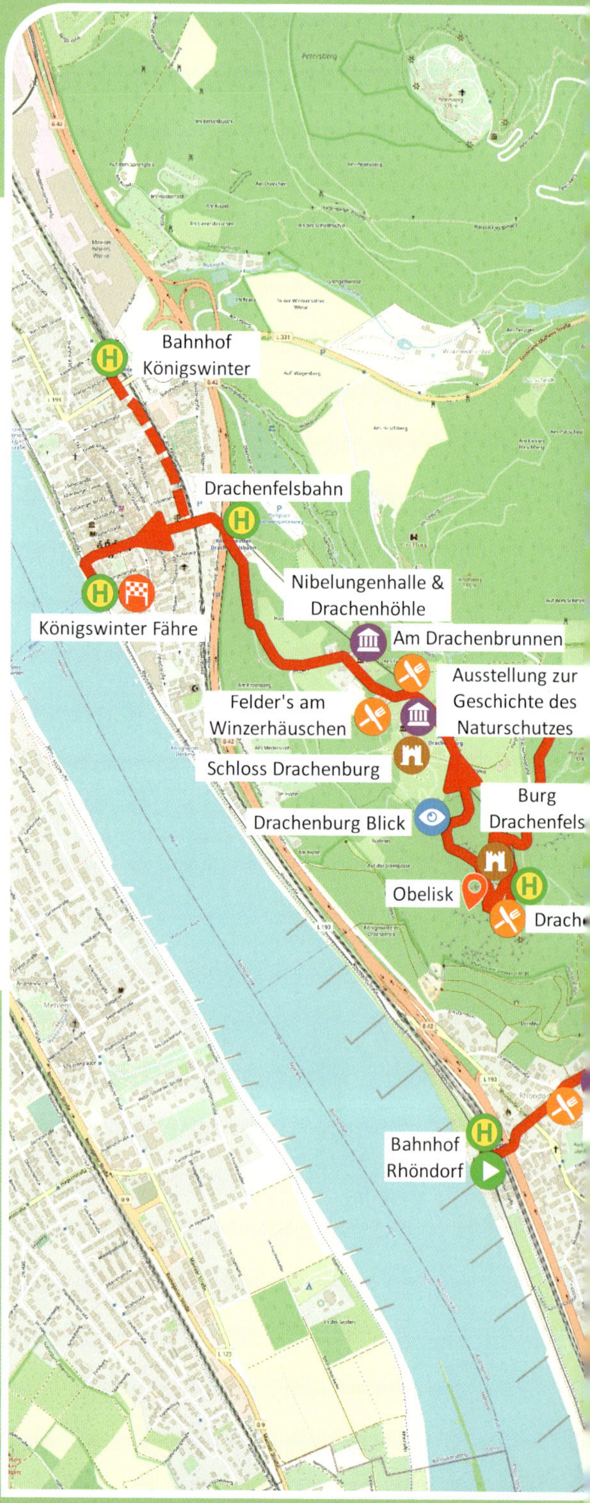

Bahnhof Königswinter
Drachenfelsbahn
Nibelungenhalle & Drachenhöhle
Königswinter Fähre
Am Drachenbrunnen
Ausstellung zur Geschichte des Naturschutzes
Felder's am Winzerhäuschen
Schloss Drachenburg
Burg Drachenfels
Drachenburg Blick
Obelisk
Drach
Bahnhof Rhöndorf

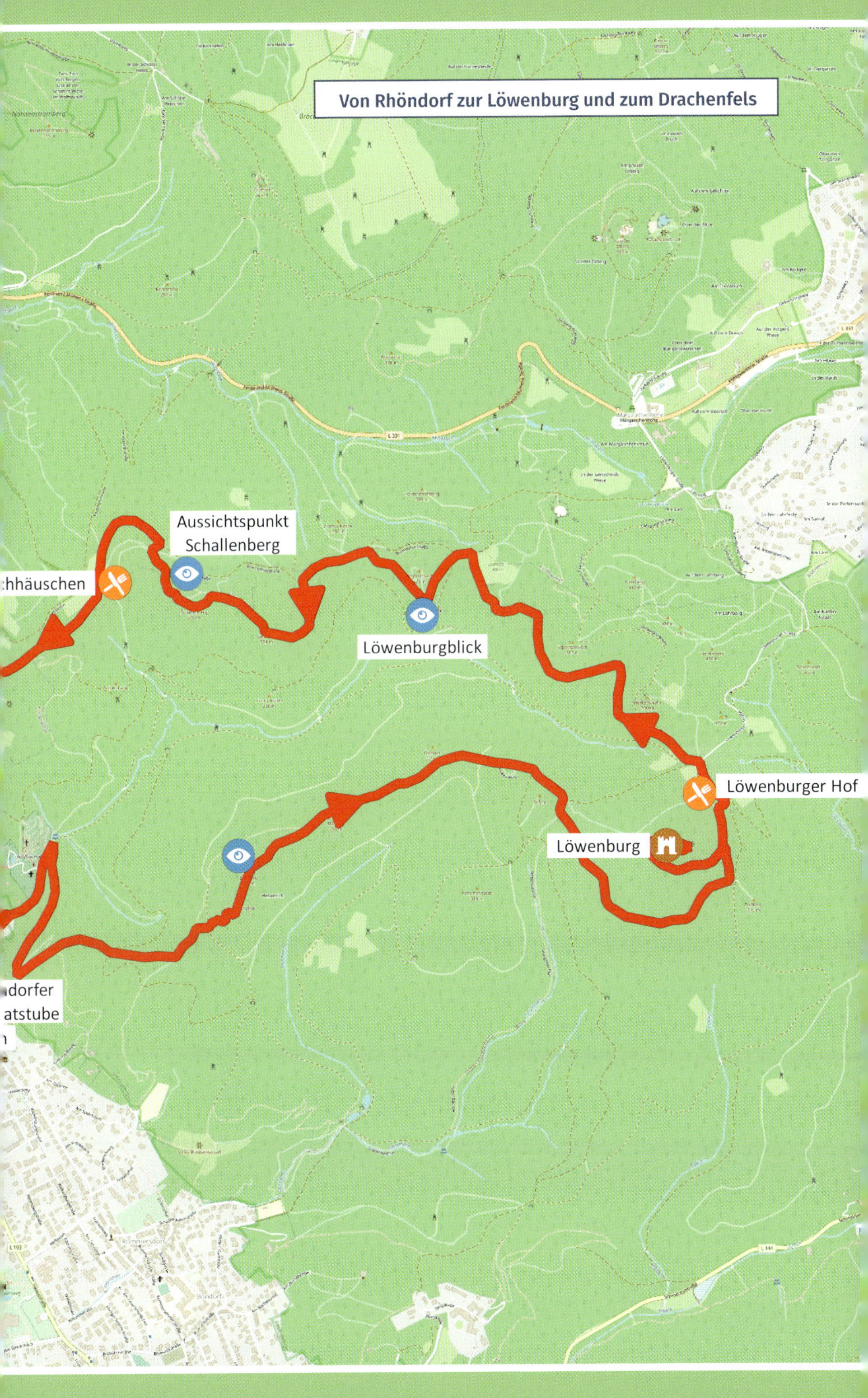

Von Rhöndorf zur Löwenburg und zum Drachenfels
Aussichtspunkt Schallenberg
chhäuschen
Löwenburgblick
Löwenburger Hof
Löwenburg
dorfer
atstube

Nah an der Eifel

Von Rheinbach zur Tomburg

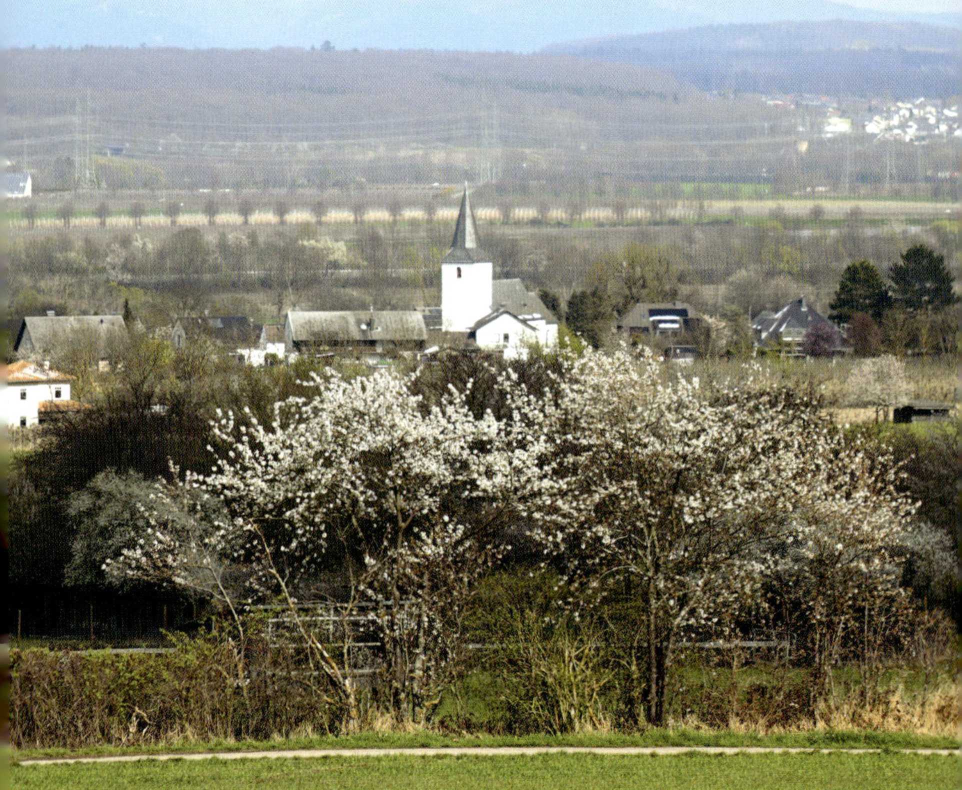

Von der Tomburg geht der Blick auch zum Siebengebirge

Auf der südlichsten Wanderung genießen wir die Abgeschiedenheit des großen Waldes und kulturelle Stätten inmitten der Natur. Wir besteigen beeindruckt die uralte und geschichtsträchtige Ruine der Tomburg und genießen die Aussicht über das Rheintal zum Siebengebirge und in die Eifel. Der Berg, auf dem die Burgruine steht, ist der erste Ausläufer des Mittelgebirges – und der Blick von dort ist faszinierend. Dorthin gelangen wir entlang eines sanft mäandernden Baches, dessen Plätschern die Wanderung so lieblich begleitet, dass man sich kaum vorstellen kann, welche Wucht er im Sommerhochwasser 2021 entwickeln konnte. Das hübsche lebendige Städtchen hat sich wieder herausgeputzt und hat mit seinen zahlreichen Attraktionen für seine Besucherinnen und Besucher viel zu bieten.

Tour 12

3:15 Std.

12,5 km

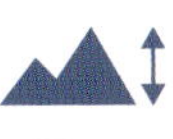

166 m

Start/Ziel: Parkplatz am Bahn- und Busbahnhof, Am jüdischen Friedhof, 53359 Rheinbach
Wegbeschaffenheit: außerhalb der Stadt ausschließlich gute Wanderwege
Anfahrt mit ÖPNV: Bus- und Bahnhof Rheinbach

Wegbeschreibung: Vom Parkplatz am Bahnhof gehen wir am Bahnhofsgebäude vorbei und wenden uns dahinter nach rechts. Die Bahnhofstraße verlassen wir nach links in die Bahnhofgasse, die uns bis zu einer großen Straßenkreuzung führt. Diese überqueren wir und gehen geradeaus, aber links der Pützstraße Richtung Wasemer Turm. Von dort wandern wir entlang der alten Stadtmauer auf den nächsten Turm zu und biegen vor der Rheinbacher Burg nach rechts Richtung Stadtpark ab. So wandern wir aus dem Ort hinaus und halten uns auch dort geradeaus, wo das Asphaltsträßchen nach links abbiegt."
Wir folgen dem kleinen Bachlauf bis kurz vor einer T-Kreuzung. Davor führt eine kleine Holzbrücke nach links, und wir folgen der Rheinbacher Waldrunde und dem Jakobspilgerweg in den Wald. Ab hier ist die Waldkapelle ausgeschildert, und der Bachlauf leitet

Am Weg

Die Waldkapelle Rheinbach

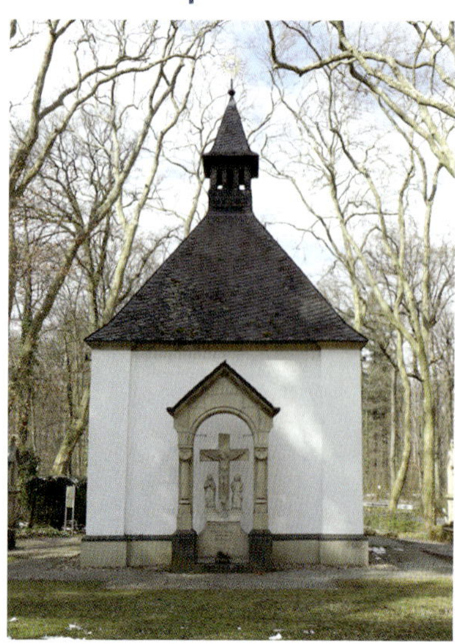

Die Sage der Kapelle geht auf eine besondere Buche zurück. Am 20. Januar 1681 zeigten sich beim Spalten des Baumes die Initialen IHS – eine alte Abkürzung für Jesus. Eine Kapelle wurde gebaut, die schon 1686 zu einem viel besuchten Wallfahrtsort mit einem angeschlossenen Klostergebäude wurde. Später kam noch eine große Kirche dazu. Heute sind nur noch die Waldkapelle und der Kreuzweg zu sehen.

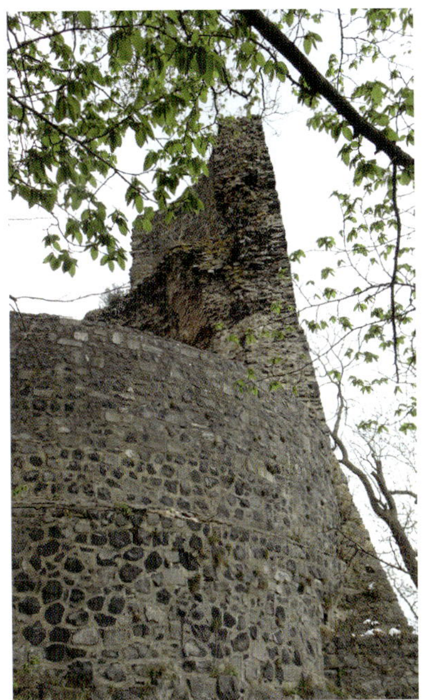
Die Reste der legendären Tomburg

uns bis zu einer Kreuzung, von der wir nach rechts auf dem Jakobsweg auf die kleine Kirche zugehen. Nach dem Besuch der Waldkapelle gehen wir am Parkplatz vorbei Richtung Ruine Tomburg. Die Tomburg-Runde ist mit einem „T“ ausgezeichnet und führt uns gleich jenseits des Baches schräg links weg von dem breiten Fahrweg.

Im Wald queren wir einen breiteren Weg und gehen dahinter an der Gabelung auf dem rechten Weg weiter. Gleich hinter der Gabelung geht es geradeaus über die Kreuzung. Und auch über die nächsten Kreuzungen halten wir uns immer geradeaus, bis zu einer T-Kreuzung. Dort wenden wir uns nach links und gleich danach nach rechts.

Vor dem Tomberg nehmen wir den Weg nach rechts und gehen um den Berg herum, bis nach links ein breiter Waldweg hinauf zur Ruine führt. Den gleichen Weg müssen wir auch wieder hinunternehmen und unten nun nach links weiter um den Berg herumgehen.

Vor dem Parkplatz biegen wir links ab und wandern an der zweiten Abzweigung nach rechts. Der „Brotpfad“ führt uns hinter einer Gabelung, an der wir rechts gegangen sind, zu einer T-Kreuzung, an der wir nach links Richtung Rheinbach abbiegen. Über die Kreuzung wandern wir geradeaus und dahinter wieder an einem Bachlauf entlang. Wo es geradeaus nicht weitergeht, wenden wir uns nach links, überqueren den breiten Querweg und gehen geradeaus weiter. In mehreren Kurven führt der Weg, der auch als Reitweg benutzt wird,

Am Weg

Burg Rheinbach

Der heute Hexenturm genannte Turm der Rheinbacher Burg wurde 1180 erbaut, zur selben Zeit wurden die Herren von Rheinbach erstmals urkundlich erwähnt. Sie bauten die Anlage zu einer mächtigen Vor- und Hauptburg aus. Rund 200 Jahre lenkten sie die Geschicke der Region, und unter ihrer Herrschaft entstand 1298 die erste stadtähnliche Siedlung rund um das Anwesen. 1343 verkauften sie ihre Güter an den Erzbischof von Köln, der darin den Verwaltungsmittelpunkt der Region errichtete. Dunkle Geschichten spielten sich in den wehrhaften Mauern des Bergfrieds zwischen 1631 und 1636 ab – es wurden mehrere grauenhafte Hexenprozesse betrieben. Um 1800 wurde das Gelände privatisiert, und 1913 gelangte die Burg in die Hände der Stadt Rheinbach.

schließlich wieder an einen breiten Querweg, und wir gehen auch hier geradeaus weiter.
Hinter einer Lichtung erreichen wir eine Kreuzung. Wir nehmen den Weg in der Mitte, der uns leicht rechts, aber fast geradeaus weiterführt. Bei nächster Gelegenheit zweigen wir rechts ab und am nächsten Querweg wieder rechts. Am Waldrand wenden wir uns auf der kleinen Asphaltstraße nach links und gehen dann auf dem Weg rechts Richtung Rheinbach, auf dem wir anfangs auch gekommen waren. Wir bleiben aber nicht oben auf der Straße, sondern gehen so bald wie möglich nach links an den Bach hinunter und folgen ihm zurück zur Rheinbacher Burg. Dort wandern wir geradeaus weiter auf die Martinskirche zu.
Davor biegen wir nach links in die Hauptstraße ab. Sie bringt uns bis zur Grabenstraße am Wilhelmsplatz, von wo wir durch die Bahnhofsgasse wieder zurück zu unserem Ausgangspunkt gelangen.

Gastronomie

Diverse in Rheinbach

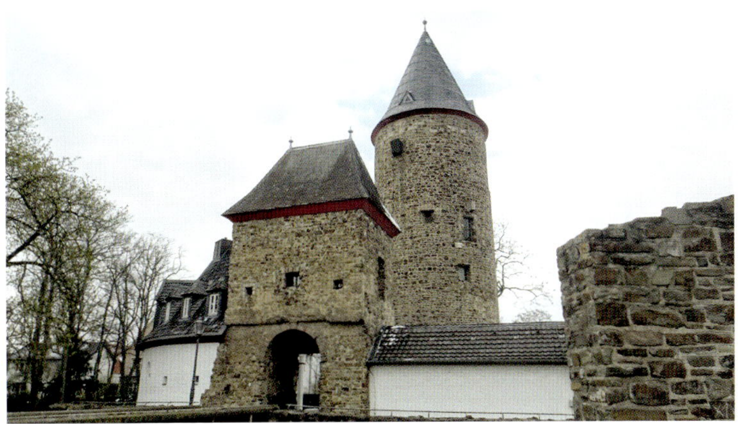

Die Burg Rheinbach hat eine dunkle Geschichte.

Am Weg

Tomburg

Erstmals Erwähnung fand der Herrensitz um 900, der bald danach vom Grafen Ezzo zu einer stolzen Burg ausgebaut wurde. Die Legende erzählt, dass dieser seine Frau Mathilde, die Schwester Ottos III., beim Würfeln gewonnen haben soll. Ob es wirklich so war, wissen wir nicht, aber auf jeden Fall stieg Ezzo zum einflussreichen Reichsfürsten auf, und Mathilde gebar ihm zehn gesunde Kinder: drei Söhne und sieben Töchter. Sie alle wurden in wichtige Ämter eingesetzt. Um 1060 stirbt das Geschlecht der Ezzonen allerdings aus und die Burg wechselte viele Male die Besitzer – bis zu ihrer Zerstörung am 8. September 1473 bestimmte der Konflikt zwischen den Herrschern von Jülich und dem Erzbischof von Köln die Geschichte der Burg.

Der große Brunnen, im Vorhof der Burg erzählt eine weitere Geschichte: Auf dessen Grund soll die goldene Wiege eines verstorbenen Babys liegen. Der Vater hatte sie in den Brunnen geworfen, um den Schmerz der Mutter zu lindern. Schon mancher Wegelagerer hatte versucht den Schatz zu heben, doch jedes Mal kam eine Stimme aus dem Brunnen: „Der Schatz der hier verborgen liegt, ist im Herzen der Mutter auf ewig – er darf nicht gehoben werden."

Das Mädchen mit der besonderen Gabe

Rund um Rheinbach, den Hexenturm und die nahe gelegene Tomburg ranken sich viele Legenden und Sagen. Leider sind nicht alle der Fantasie eines Geschichtenerzählers entsprungen, sondern manche sind traurige Wahrheit. Ein dunkles Kapitel der Stadt Rheinbach: die Verurteilung von unschuldigen Frauen und Männern, die als Hexen und Hexer verbrannt wurden. Mindestens 130 Menschen sind so zu Tode gekommen. Aufgeschrieben wurden die schrecklichen Verbrechen vom Rheinbacher Händler und Bürgermeister, Hermann Löher. Da er schließlich selbst der Zauberei beschuldigt wurde, flüchtete er nach Holland. In seinem Werk „Hochnötige Unterthänige Klage der Frommen Unschuldigen", erschienen 1676 in Amsterdam, zeichnete er das Bild der Verbrechen rund um Rheinbach nach. Aber wir möchten eine Geschichte erzählen, wie sie auch hätte passieren können. Eine Geschichte von Liebe und Loyalität, von Toleranz und gutem Willen.

Zu einer Zeit als in der Nähe noch das Kloster stand, da lebte eine junge Frau in Rheinbach: Ihr Name war Mathilde. Jeden Tag ging das junge Mädchen zum Kloster, um vor der Pietà zu beten. Sie war sehr fromm, aber trotzdem lachte sie gerne und feierte das Leben. Sie sang viel, und ihr größtes Glück war es, mit den Tieren zu sprechen. Ganz natürlich sang sie mit den Vögeln, redete mit den Feldhasen und belauschte die Füchse. Erst als sie älter wurde und zu einer jungen Frau reifte, bemerkte sie, dass sie eine Gabe erhalten hatte, die kein anderer Mensch in ihrer Umgebung besaß: Sie konnte mit den Tieren sprechen.
Eines Morgens, sie war gerade auf dem Weg zu ihrem morgendlichen Gebet, da flatterte vor ihr im Wald ein aufgeregtes Rotkehlchen. Es sprang auf dem Pfad hin und her und schrie: „Komm, komm! Schnell, du musst mir folgen!" Da Mathilda ein hilfsbereiter Mensch war, dachte sie nicht lange nach, sondern folgte dem Vogel in den Wald. Immer weiter hinein, bis es dicht und dunkel wurde. Plötzlich hörte Mathilde ein leises Krähen. „Ist das ein verletzter Vogel, zu dem du mich führst?"

fragte sie das aufgeregte Rotkehlchen. Doch da sah sie schon, was zu ihren Füßen lag: Es war ein Baby, gewickelt in ein rotkariertes Wolltuch. Nur das Köpfchen lag frei, der Rest war gut versteckt und sicher im Stoff verborgen. Die Augen des Babys waren starr auf Mathilde gerichtet, es schrie nicht, sondern schaute sie nur ernst an. Allein das Rotkehlchen hüpfte immer noch aufgeregt hin und her. Mathilde beugte sich zu dem Kind und nahm es in den Arm – als ob es das selbstverständlichste der Welt wäre, dass sie sich jetzt um das ausgesetzte Kind kümmern würde. Sie versteckte es unter ihrem weiten, warmen Mantel und machte sich auf den Weg zum Kloster.

Die Pietà hatte ihr schon oft geholfen, auch jetzt wollte sie um ihre Hilfe bitten. Als sie dort ankam – das Baby sicher unter ihrem Mantel verborgen – hörte sie das Gerede von Frauen aus der Stadt: „Habt ihr gehört? Die Müllerin wurde als Hexe beschuldigt. Sie hat gestanden, wird noch heute verbrannt!" „Aber sie hat doch gerade erst ein Kind geboren", sagte die Wirtin. „Das werden sie wohl mit ihr verbrennen", unkte die Frau des Schmieds. Mathilde war sich sicher, dass sie das Kind der armen Müllerin in Händen hielt. Schnell huschte sie in die Kirche, setzte sich in den Beichtstuhl und holte das Baby aus seinem warmen Versteck.

Plötzlich hörte sie eine leise, sanfte Stimme: „Geh, und nimm das Kind mit! Sie soll ab heute deine Tochter sein. Zieh sie gottesfürchtig und liebevoll auf und sei ihr die Mutter, die ihr genommen wurde." Mathilde stieg aus dem Beichtstuhl, das Baby sicher an ihr Herz gedrückt. Wer hatte zu ihr gesprochen? Die Gottesmutter? Oder die kleine Schwalbe, die ihr Nest in einem Winkel der Kirche gebaut hatte? Egal, Mathilde würde sich des Kindes annehmen und die Stadt verlassen. Sie war stark, jung und mutig und ihre besondere Gabe hatte sie bis jetzt immer sicher durchs Leben geleitet.

Und so sah man am nächsten Morgen eine junge Frau mit einem kleinen Handwagen die Stadt Rheinbach verlassen. Fast schien es, als ob um sie herum ein schützender Lichtbogen wäre – und rundherum flatterte ein kleines Rotkehlchen.

Tour 12

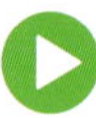
Startpunkt

Zwischenziele

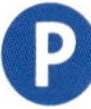
Parkplatz

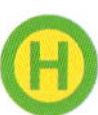
Haltestelle

Zielpunkt

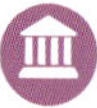
Kulturstätte

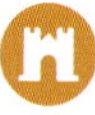
Sehenswürdigkeit

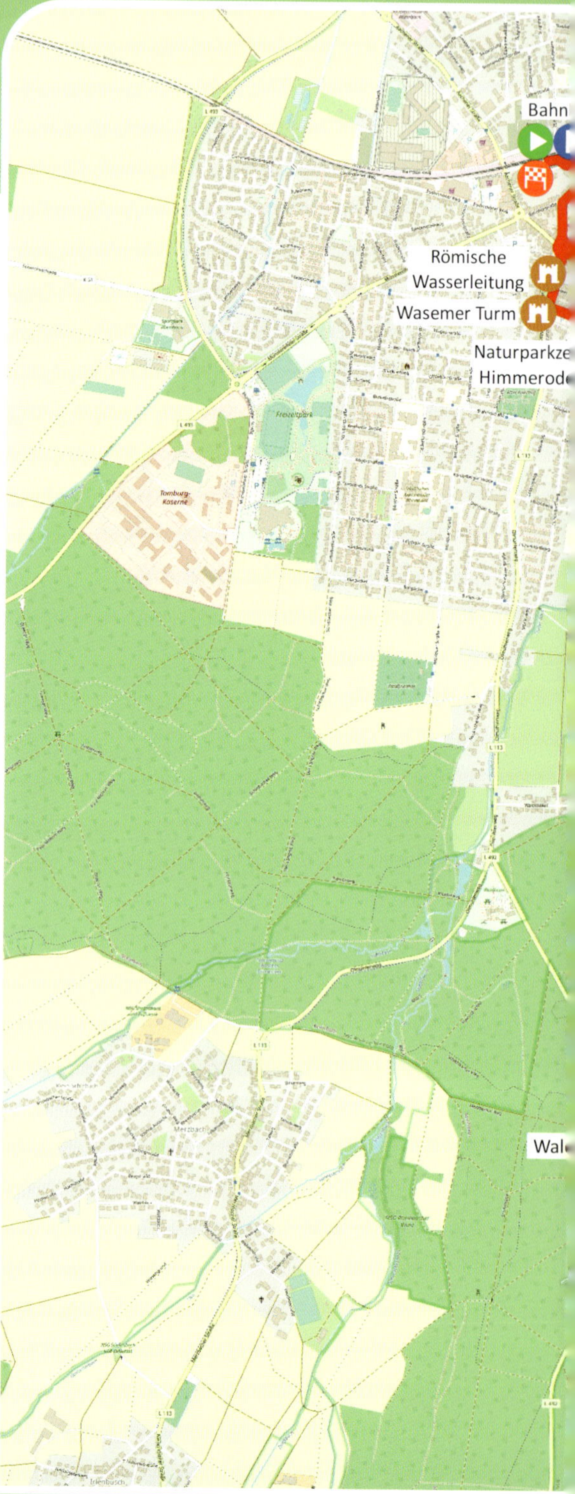

Bahn

Römische Wasserleitung

Wasemer Turm

Naturparkze

Himmerod

Wal

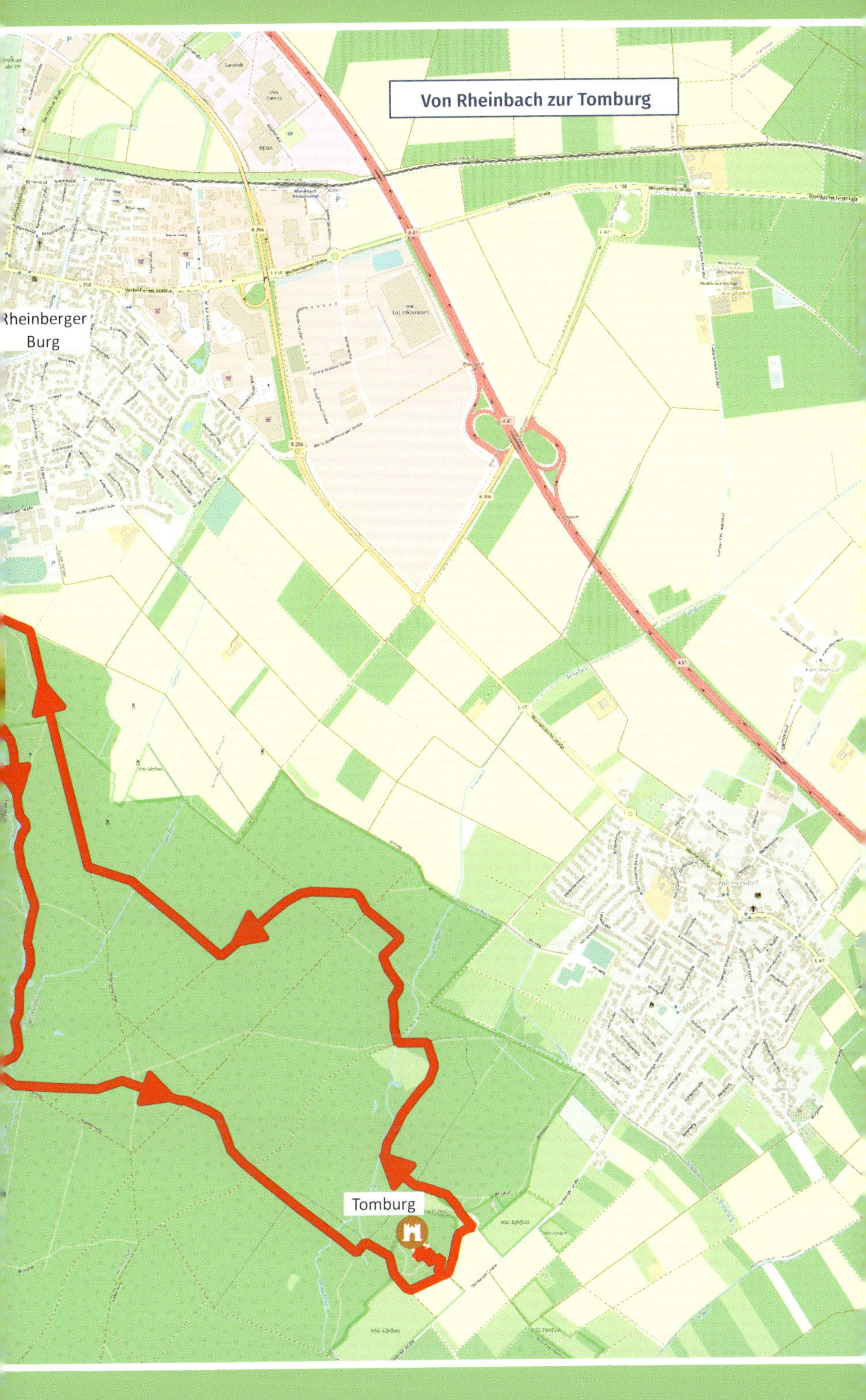
Von Rheinbach zur Tomburg
Rheinberger Burg
Tomburg

Praktische Hinweise

Da die vorgestellten Wege in die Natur führen, sind sie der Witterung und damit der Veränderung ausgesetzt. Sollten Sie feststellen, dass irgendwo unüberwindbare Hindernisse entstanden sind oder dass die Wegführungen sich verändert haben, dann sind Autorinnen und Verlag für einen Hinweis sehr dankbar.

Bitte beachten Sie, dass es sich bei diesen Zeitangaben um die reine Gehzeit handelt: Auf vielen dieser Touren ist am Wegrand so viel zu sehen und zu entdecken, dass Sie auf jeden Fall zusätzliche Zeit einplanen sollten. Und übrigens gilt generell: Wandern geschieht immer auf eigene Gefahr.

Alle Strecken in diesem Wanderführer sind unter normalen Umständen ungefährlich und leicht zu gehen. Sie eignen sich hervorragend für Ausflüge im ganzen Jahr – egal bei welchem Wetter.

Die GPX-Daten zu den Touren finden Sie unter
http://www.klartext-verlag.de/gpx-daten